Wim Martin studierte Literaturwissenschaft und Philosophie an der Heinrich-Heine-Universität in Düsseldorf und machte dann Karriere als weltweit erfolgreiches Fotomodell. Bereits im Studium Veröffentlichung von Gedichten und Kurzgeschichten in diversen Literaturzeitschriften und Anthologien, u.a. bei Rowohlt. Nach dem Ende der Modellkarriere Wiederaufnahme der schriftstellerischen Arbeit. Im Hummelshain Verlag erschien 2018 sein erster Roman *Das schlagende Herz*, 2019 der Gedichtband *Nahe Engel, von fern: Musik*, 2020 der Roman *Babylon Cam*.

https://de.wikipedia.org/wiki/Wim_Martin

Alle Figuren des Romans sind ausschließlich meiner Fantasie entsprungen. Sämtliche Ähnlichkeiten mit lebenden oder verstorbenen Personen wären daher rein zufällig.

W.M.

2021 Hummelshain Verlag, Essen
ISBN: 978-3-943322-279
Umschlagbild: Wim Martin
Lektorat: Petra Krall

Wim Martin

Die Pandemie

Roman

Hummelshain Verlag

FSC
www.fsc.org
MIX
Papier aus verantwortungsvollen Quellen
Paper from responsible sources
FSC® C105338

Secret meetings,
Secret meetings with you
Tonight…

Greg Kihn

1 Sous vide

Es waren diese stillen Stunden gänzlich ungetrübten Glücks, die sie am meisten liebte. Wenn sie einfach nur da saß und ihn beobachtete. In solchen Momenten glaubte sie, das Blut wie glutheiße Lavaströme durch ihre Adern kreisen zu spüren, und sie hätte alles dafür gegeben, die Zeit anhalten zu können. Ganz gleich was er tat, ob er nur müßig auf dem Bett lag, sein tägliches *workout* absolvierte, ob er duschte, ein Buch las oder unter dem Kopfhörer der Musik lauschte: er hatte diese unglaubliche, sie immer noch in magischen Bann schlagende Ausstrahlung, welche sie vom allerersten Mal an, als sie ihm begegnet war, schier überwältigt hatte. Sie schien um seine Gestalt zu gehen wie eine gleißende Aureole.

Auch jetzt noch, nach elf Jahren Ehe, war Leo diese Geschmeidigkeit einer Raubkatze zu Eigen, männlich, mit dem fließenden Aplomb eines Tänzers und dem deutlichen Signal von Gefahr. Er glich, dachte Emilia, einem jungen Silberlöwen, schlank, stark, unberechenbar. Und sie hatte ihn gezähmt. Es hatte seine Zeit gebraucht, aber sie hatte ihn schließlich gezähmt, mit List und mit Geduld.

Gerade eben legte er das Buch, in dem er gelesen hatte, zurück auf das Bord über seinem Bett. Es war der Roman, den sie ihm zum Geburtstag geschenkt hatte, Dumas '*Der Graf von Monte Christo*'. Sie fand, das war ein überaus passendes Geschenk. Leo liebte Kolportageromane, und die unverkennbaren Parallelen zu seiner Situation würden ihm garantiert bestens die Zeit vertreiben. Und über Zeit verfügte er nach dem unfreiwilligen Ende seiner Berufstätigkeit wahrlich im Übermaß.

Emilia überlegte, was sie heute für ihn kochen sollte. Sie war glücklich, sie schaute ihm zu mit leuchtenden Augen, sie war in der Stimmung, ihn mit einem seiner Leibgerichte zu verwöhnen, Kalbsmedaillon in Morchelrahm vielleicht oder Taglierini mit Culatello. Von Beginn ihrer Ehe an hatte sie auf eine ausgewogene Ernährung geachtet, doch Leo war ebenso wie sie selbst nicht der Typ, der schnell Fett ansetzte, und seitdem er mit der ihm eigenen Verbissenheit trainierte, gab sie ihm zusätzlich zu den Mahlzeiten Proteindrinks, damit er nicht mehr Kalorien verbrannte, als er zu sich nahm. Sein Körper bestach durch eine definierte Muskulatur und die harmonische Proportion aller Teile, ohne jedoch künstlich aufgepumpt zu wirken. Auch nach all den langen Jahren ihrer Ehe bekam sie wachsweiche Knie, wenn sie ihn unter der Dusche oder beim Training mit den Hanteln betrachtete. Im nächsten Jahr wurde er vierzig, und Emilia dachte, dass er sich jetzt im Zenit seiner Physis befand und noch keinerlei Anzeichen von Alterung aufwies.

Auch mit ihrem eigenen Äußeren war sie überaus zufrieden, mehr noch seit sie vor sechs Jahren begonnen hatte, *Martial Arts* zu erlernen. Zu ihrer Genugtuung fanden sich an ihr, wenn sie in den Spiegel sah, keine Spuren von Cellulite, Orangenhaut oder erschlafftem Gewebe. Ihre Brüste waren wohlgeformt und fest, ihr Bauch straff, ihr Po rund wie ein junger Apfel. Andere Frauen hatten mit fünfunddreißig Jahren ihre Figur ruiniert durch undisziplinierte Essgewohnheiten, schlechte Gene, Schwangerschaften oder einen verrücktspielenden Hormonhaushalt. Das alles war ihr erspart geblieben. Sie aß seit jeher bewusst, ihre Erbanlagen sahen keinen vorzeitigen Tribut an das Alter vor, ihre Hormone blieben friedlich, und Leos glühendem Kinderwunsch hatte sie niemals nachgegeben. Der frühe Tod ihrer eigenen Mutter würde zeitlebens als ein unüberwindliches Trauma auf ihr lasten, und selbst Kinder zu haben war schon aus diesem Grund für sie absolut unvorstellbar. Emilia spürte die Gewissheit, vom Tag der Geburt an wäre sie der quälenden Angst ausgeliefert, die schutzlosen Wesen, die aus ihrem Schoß das Licht der Welt erblicken würden, all zu früh zurücklassen zu müssen.

Ihrem Leben hatte der Kampfsport damals eine völlig neue Richtung gegeben. Es war nicht allein die körperliche Vervollkommnung, die sukzessive Beherrschung bestimmter Bewegungsabläufe, die Koordination des in intuitiver Abstimmung mit einem Kontrahenten oder Mitstreiter ausgeübten strategischen Verhaltens, die eine geradezu rituelle Choreographie herauf beschworen. Die Kunst des Kriegerischen lehrte ihre Jünger ebenso eine zutiefst spirituelle Sicht der Dinge, welche den Weg der Selbstfindung erleuchtete und nichts Geringeres als die vollkommene Einheit von Körper und Geist anstrebte. Emilia erkannte bald schon an sich einen unaufhaltsamen Fortschritt, eine schillernde Schönheit, die keineswegs dem Narzissmus huldigte, sondern vielmehr einer gereiften Gelassenheit, einem unerschütterlichen Glauben an die eigene Stärke, einer Kraft, die vor der Beschäftigung mit *Martial Arts* in ihr gänzlich unbemerkt geschlummert hatte. Ihr Gang federte seither, ihre Haltung war aufrechter, und aus jeder ihrer Poren quoll eine augenfällige Unangreifbarkeit.

Und dieses tief in ihr wurzelnde und ihre Seele bestärkende Selbstbewusstsein half zugleich entscheidend bei der Bewältigung der Vergangenheit. Es war, als ob sie rückwirkend Kraft schöpfte im Umgang mit dem Entsetzlichen, dem lähmenden Alptraum, den sie niemals vergessen konnte.

Leos gleichmäßige Atemzüge drangen leise zu ihr. Er lag auf seinem Bett, das Licht gedimmt, die Schlafbrille über den Augen, den Kopf zur Seite geneigt auf seinem angewinkelten rechten Arm und schien eingeschlafen zu sein. Emilia ging das Herz auf. Noch im Schlaf war er zum Niederknien in seiner virilen Anmut. Sie begab sich hinüber in die Küche, um getrocknete Morcheln einzuweichen, welche sie wegen ihres volleren Aromas frischen Pilzen vorzog. Im Kühlschrank war noch Kalbsfilet, das würde sie später *sous vide* in Wasser garen, dass es innen noch saftig und zartrosa blieb, so wie er es am liebsten mochte. Dazu passte eine Mischung gebratener Gemüse, Kohlrabi vielleicht mit Rübstiel und schwarzem Knoblauch. Sie überlegte, ob Reis oder Pommes Dauphines die bessere Alternative wäre.

Während er schlief, konnten die Morcheln wässern. Sie würde ihn nicht wecken, sondern erst mit der Zubereitung beginnen, sobald er erwacht war. Seine Schlafgewohnheiten waren durch den Entzug des Tageslichts zunehmend unregelmäßig, und nun schlief er nur dann, wenn er wirklich

Müdigkeit verspürte und ganz ohne den Einfluss von Helligkeit oder Dunkelheit. Emilia dachte, vielleicht sei das sogar eine gesündere Weise des Schlafens, allein auf den ureigenen Rhythmus des Körpers zu hören und nicht auf die launischen Gestirne, die es in den hiesigen Breitengraden im Sommer fünf Stunden Nacht werden ließen, im Winter aber siebzehn Stunden.

Auch von der Küche aus konnte sie, wie aus jedem Raum des Hauses, Leo beobachten, wie er auf seinem Bett lag. Sie schaute auf die Uhr. Es war Halbfünf. Emilia ging zurück ins Wohnzimmer und schenkte sich am Servierwagen einen Aperitif ein, ein Glas Tawny Port. Der Erfahrung nach würde Leo zwei Stunden schlafen, was ihr gestattete, vor der Zubereitung des Essens noch ein wenig Musik zu hören. Sie wanderte mit dem Zeigefinger über die Rücken der im Regal nach Musikgenres angeordneten CDs und entschied sich für Mussorgskys *Bilder einer Ausstellung*, in der Orchestrierung von Maurice Ravel.

Die reich instrumentierten Klänge trugen sie hinfort wie auf sanften Schwingen. Sie dachte zurück an die Zeit, als sie Leo kennenlernte. Er hatte sie mit Blumen und kleinen Geschenken überhäuft, hatte sie zur Tulpenblüte nach Holland eingeladen, zum Wochenende an die Nordsee oder mal eben, als wäre das nichts Besonderes, in ein Musical nach London. Er hatte sie in Kino, Theater, Oper und noble Restaurants entführt, und sie war überwältigt von seiner Aufmerksamkeit und seiner weltmännischen Art. Und als würde dieser Traum von einem Mann so gar keine Grenzen akzeptieren, gab es da noch diesen Adelstitel vor seinem

Namen: er war ein "Von". Leonhard von Nolting. Kein Baron oder Graf, aber immerhin ein "Von", und sie, Emilia Horn, würde natürlich, sollte er ernste Absichten verfolgen, woran sie keinen Moment zweifelte, ihren Namen ändern in Emilia von Nolting. Kurz darauf hielt Leonhard von Nolting tatsächlich an um ihre Hand, und freudig sagte sie ja. Nie hätte sie die drastische Wendung der Dinge für möglich gehalten, die wenige Monate nach der Hochzeit ihren Lauf genommen hatten.

Wie die meisten Frauen verabscheute sie Pornografie, und die Filmchen, welche ausnahmslos alle Männer auf den einschlägigen Seiten im Internet guckten, verursachten in ihr nichts als Übelkeit. Aber wenn sie an den atemberaubenden Sex mit Leo dachte und sich konkrete Situationen zurück in ihr Gedächtnis rief, dann vibrierte ihr gesamter Körper wie ein Streichinstrument unter dem Bogen. Das war vielleicht das Einzige, was ihr fehlte zum perfekten Glück: die physische Nähe zu ihrem Mann, der wie kein anderer, Fabian einmal ausgenommen, mit seiner phänomenalen Virtuosität eines genialen Liebhabers alle Saiten in ihr zum Klingen gebracht hatte. Aber in der jetzigen Lage erschien es ihr bei weitem zu gefährlich, mit Leo zu schlafen.

Halbsechs. Sie beschloss mit dem Kochen zu beginnen, denn er würde mit einiger Sicherheit gleich erwachen, und das Kalbsfilet bräuchte, auf diese Weise zubereitet, seine Zeit. Während ihrer Vorbereitungen schaute sie immer wieder liebevoll auf ihren schlafenden Mann. Genau wie sie vorhergesehen hatte, regte er sich in dem Moment, als sie am Herd gerade fertig wurde.

Emilia ordnete die Medaillons, das Gemüse und die Dauphinekartoffeln mit penibler Akkuratesse auf dem vorgewärmten Teller an, gab den Morchelrahm zum Fleisch und stülpte zuletzt die Tellerglocke aus blankpoliertem Chrom über die fertige Mahlzeit. Dann trug sie das Tablett die Treppe hinab, wo sie es neben der Eingangstür zum Bunker auf dem zur Hälfte aufgeklappten Pembroke-Tischchen abstellte.

- Leo, mein Schatz, es gibt Dinner. Sei so lieb und stelle dich auf! sagte sie durch die Gegensprechanlage.

Über den Monitor neben der Tür sah sie, dass Leo ihrer Aufforderung widerstandslos Folge leistete. Als er, wie üblich demonstrativ laut mit den Ketten rasselnd, seine Position genau in der Mitte zwischen den beiden Seitenwänden eingenommen hatte und seine Arme, Flügeln gleich, von sich hielt, betätigte Emilia den Knopf, der die Ketten mittels zweier elektrischer Spulen aufrollte. Dann, als er mit weit gespreizten Armen dastand und die Gefahr eines Angriffs gebannt war, öffnete sie die Tür, nahm das Tablett mit seinem Essen wieder auf und betrat lächelnd das Verlies ihres Gatten.

2 Ein gefälschtes Gutachten

Im zweiten Stock des Klinikums Hohenbaden betrat Doktor Fabian Erbach das dem Oberarzt als Büro dienende Zimmer mit Panoramablick auf die bewaldeten Hügel des Baden-Baden vorgelagerten Stadtteils Balg und nahm *face shield* und Atemschutzmaske ab. Er inhalierte die abgestandene, von Heizungswärme miefige Zimmerluft tief in seine Lungen, als wäre es die würzige Luft des nahen Schwarzwalds. Es brachte ihn täglich an die Grenze seiner Leidensfähigkeit, mit diesem ihm den Atem raubenden Stofffetzen seinen endlos erscheinenden Dienst zu tun, ganz gleich ob es Vorschrift war oder nicht. Auch wenn er vom medizinischen Standpunkt betrachtet durchaus Sinn darin sah, in einer wissenschaftlich immer noch überaus unwägbaren Situation jede erdenkliche Vorsicht walten zu lassen, hasste er diese leidige und schlicht beschwerliche Maßnahme. Und Leiden und wie weit es gehen konnte: das schien mehr denn je die neue Maxime seiner Berufssparte zu sein, deren Angehörige in dieser Zeit rund um die Uhr schier Übermenschliches leisteten.

In Fabians Nase mischten sich die für ein Krankenhaus typischen Gerüche: das schale Aroma der vor kurzem ausgeteilten Essenstabletts mit dem ungenießbaren Fraß aus der Kantine, die sauren Dämpfe des von Putzmitteln blank gescheuerten Linoleumfussbodens, der an Chemiewaffen gemahnende Gestank von Ammoniak und Exkrementen aus den Bettpfannen und die von dem vagen Parfüm seines

Medikamentenschranks erzeugte Illusion klinischer Sterilität. Er wusch sich sorgsam die Hände, wie empfohlen zwanzig Sekunden lang, desinfizierte sie zusätzlich und nahm dann erschöpft auf seinem Schreibtischstuhl Platz. Er drehte den Kopf im Nacken hin und her und massierte sich mit den Mittelfingern die Schläfen. Müdigkeit überfiel ihn, wie so oft in den letzten Monaten. Seine Schicht hatte vor gerade einmal sechs Stunden begonnen, und er fühlte sich reif für einen ausgedehnten Urlaub auf einer tropischen Insel, weit weg von allem. Allein die deprimierende Lage dieser noch auf unabsehbare Zeit andauernden Pandemie ließ keine Reisen zu, ganz zu schweigen von seinen seit Jahren komplizierten privaten Umständen.

Ein kurzer Klingelton signalisierte eine auf seinem Mobiltelefon eingehende Textnachricht. Er schaute nach und öffnete die ihm von einer der Schwesternschülerinnen zugesandte Videobotschaft. Die Kleine himmelte ihn an, und er wusste, es bedurfte einigen Fingerspitzengefühls, um sie und ihre romantischen Erwartungen nicht vor den Kopf zu stoßen. Der hehre Stand der Weißkittel, ganz gleich ob Praktikanten, Stationsärzte, Oberarzt oder gar Chefarzt, und ganz gleich auch ob verheiratet oder nicht, waren heiß begehrte Objekte der Begierde bei dem gesamten Personal eines jeden Krankenhauses. Aber er hatte sich niemals auf Affären am Arbeitsplatz eingelassen, auch damals nicht in seiner Zeit als Krankenpflegeschüler. Die einzige Ausnahme bildete Emilia, und das stand auf einem anderen Blatt. Das war Liebe. Die große Liebe!

Fabian wunderte sich immer wieder über eine solch primitive Form der Kommunikation, die sich auf das bloße Verschicken von Fotos und Filmchen reduzierte, ohne ein einziges begleitendes Wort zu verlieren, ganz als ob jemand kommentarlos mit dem Finger auf etwas zeigte, anklagend oder eine Bestätigung einfordernd, zum Lachen animierend, zu Kopfschütteln oder zu solidarischer Empörung. Längst war das zu einem allseits gepflegten Brauch geworden. Kaum jemand noch beherrschte heutzutage, wo virtuelles Teilen die klassische Mitteilung ersetzt hatte, die Kunst des Dialoges. Er verweigerte sich konsequent diesem seiner Meinung nach allen zwischenmenschlichen Umgang ignorierenden Getue, las zwar, was der Absender nachverfolgen konnte, aus Höflichkeit das ihm Zugesandte, antwortete jedoch nicht darauf und leitete es auch grundsätzlich niemals weiter.

Vor ihm auf dem Schreibtisch türmte sich der Stapel der Patientenakten. Er sollte einen Kaffee trinken, bevor er sich für den Rest des Nachmittags der Bearbeitung widmete. Seine Müdigkeit schien bleiern. Fabian griff hinter sich ins Regal, wo der Kaffeekapselspender stand, ein Geschenk Emilias, die seine notorische Koffeinsucht kannte. Die in seinen Augen dekadente Überflüssigkeit dieses Utensils hinderte ihn nicht daran, es zu benutzen. Seitdem Kaffee nicht länger in Tassen oder Filtern aufgebrüht, sondern als Pads oder Kapseln in eigens dafür konstruierte Maschinen geschoben wurde, bedurfte es in nächster Konsequenz dazu gehörigen Geräten, welche der Aufbewahrung des solcherart portionierten Kaffeepulvers dienten.

Er schaltete per Knopfdruck den Automaten ein, legte eine Kapsel in das dafür vorgesehene Fach und stellte eine Tasse unter den Ausgusshahn. Während das Wasser aufheizte, sah er sich die eben eingegangene Videodatei an. Sie enthielt mit dem jeweiligen Ort der Aufnahme untertitelte Filmschnipsel von Wildtieren, die in der jetzt seit bald drei Wochen weltweit angeordneten Quarantäne die von den in ihren Häusern kasernierten Menschen verlassenen urbanen Räume eroberten. Ähnliche Bilder, bizarr und archaisch anmutend, waren bereits in den Nachrichten und sozialen Medien zu sehen gewesen.

Eine acht Meter lange Anakonda gleitet in einen Swimming Pool in Naples, Florida. Ein Löwenrudel besetzt einen Golfplatz bei Kapstadt, Südafrika. Ein Puma springt aus dem Stand auf eine zwei Meter hohe Gartenmauer in Santiago de Chile. Eine Rotte Wildschweine stürmt durch die Straßen von Paris, Frankreich. Ein Alligator sonnt sich auf der Terrasse einer Villa in Savannah, South Carolina. Ein Nashorn verwüstet die Vorgärten in Katmandu, Nepal. Eine Elefantenherde durchquert die Stadtmitte von Bangalore, Indien. Ein Känguru irrt durch die Hauptgeschäftsstraßen von Adelaide, Australien. Ein Rudel weißer Hirsche grast auf einem Kinderspielplatz in London, England. Eine Gruppe Seelöwen tummelt sich auf einem öffentlichen Platz in Mar del Plata, Argentinien. Ende.

Der Automat spuckte den Kaffee aus. Fabian nahm ihn schwarz, ohne Milch und Zucker. Der Duft des frisch gebrühten Trankes überlagerte die Mixtur der Gerüche. Oben auf dem Stapel der Patientenakten lag ein Blatt, auf welchem die Verwaltung der Klinik angesichts der fortschreitenden Pandemie eine Einschätzung der aktuellen Gefahrenlage für Patienten und Personal anforderte. Natürlich hatte Dr. Stüssgen, der Chefarzt, ein von Fabian aufgrund seiner Inkompetenz und Faulheit kaum geschätzter Kollege, diese ihm gegen den Strich laufende Aufgabe auf der Stelle an seinen Oberarzt delegiert. Fabian nahm sein Diktiergerät zur Hand. Er gedachte dieser lästigen Pflicht mit einer Anhäufung von hochgestochenem Fachchinesisch nachzukommen, in welches er die momentan grassierenden und in den Medien analog zum Virus gleich einer universalen Verbalinfektion allgegenwärtig verbreiteten Begriffe einflechten würde. Das beeindruckte die Sesselfurzer in der Verwaltung garantiert, ohne dass sie ein einziges Wort davon verstehen würden. *Lockdown* würde er erwähnen, *Lethalitätsfaktor, Cluster, Inzidenz* und *Superspreading* und natürlich *Aerosol. Herdenimmunität* musste er unbedingt einbauen, das gab dem Ganzen einen in hohem Grad populärwissenschaftlichen Anstrich. Die *Containment Scouts* haben errechnet, dass bei einem *R-Faktor* von unter 1,0 die *systemrelevanten Berufe* keiner akuten Gefährdung ausgesetzt sind und ein totaler *Shutdown* sich daher, falls man nicht den obskuren *Verschwörungstheorien* diverser *Aluminiumhutträger* Glauben zu schenken gedachte, erübrigen könnte. Auch *Risikogruppen* und *Patienten mit Vorschädigung* seien in dieser von führenden *Virologen* erstellten Prognose ausdrücklich einbegriffen, solange jedermann die Anstandsregeln der *Abstandsregeln* nicht als Regeln zum Aufstand interpretierte. Hochachtungsvoll mit kollegialen Grüßen Doktor Fabian Erbach. Die Sekretärin konnte das anschließend in ihren Computer tippen und Cc als

Rundmail verschicken, ein in Stein gemeißeltes Manifest, würdig an die Kirchentüren von Absurdistan genagelt zu werden. Warum, dachte er resigniert, geht unter Druck immer meine Fantasie mit mir durch.

Pandemie, das wusste Fabian bereits nach diesem eben zu Ende gegangenen ersten Quartal des Jahres 2020, würde von einer sprachkritischen Jury, wie es immer hieß, mit absoluter Sicherheit zum Unwort des Jahres erklärt werden, obwohl er persönlich für *Kaffeekapselspender* votieren würde. Oder aber für *sprachkritische Jury*, sozusagen jahresübergreifend.

Nachdem er sich mühsam darauf konzentrierte, in vollem Ernst einen kurzen Abriss der Lage in das Diktafon zu sprechen, ohne sein im Hirnriss der von ihm erfundenen Plattitüden vibrierendes Zwerchfell verlautbaren zu lassen, legte er den Audiorekorder beiseite und griff zu dem obenauf liegenden Schnellhefter. Es war nicht die Akte eines hier in der Klinik stationär behandelten Patienten, sondern der Bericht über Leonhard von Nolting, dessen Diagnose er in seiner Eigenschaft als Vertrauensarzt der Krankenkasse einmal jährlich aktualisieren musste.

Ganz gegen seinen Willen hatte er sich da von Emilia in etwas hineinziehen lassen, das seit langem schon gewaltig aus dem Ruder gelaufen war, und es schien ihm, dass je länger es andauerte, sich ein Ausweg umso weniger auftat.

Auch wenn seine Sympathien für Leo als direkten Konkurrenten um Emilias Gunst sich immer in Grenzen gehalten hatten, ging seine bald fünf Jahre währende

Gefangenschaft im unterirdischen Verlies des Bunkers eindeutig zu weit, ja war sogar nichts weniger als ein krimineller Akt, und nur Fabians bedingungslose Liebe zu Emilia hatten seine blinde Gefolgschaft ihr gegenüber niemals auf die Probe gestellt. Die von ihm auf ihre Bitten hin verfassten medizinischen Gutachten, die dazu dienten, die Krankenkasse zu beruhigen, ließen sich klar als aktive Beihilfe zur Freiheitsberaubung bezeichnen, denn sie entsprachen so gar nicht der Wahrheit. Emilia, das war ihm klar, musste Leo sehr hassen, um ihm das anzutun, was Fabian nur schmerzhaft aufzeigte, wie sehr sie ihren Mann insgeheim immer noch liebte.

Andererseits hatte Leo es nach den von einer nahezu psychopathischen Grausamkeit zeugenden Dingen, die er Emilia angetan hatte, durchaus verdient, mit aller gebotenen Härte in die Schranken gewiesen zu werden. Vielleicht hätten sie eine weniger drastische Art der Vergeltung finden können, eine die Gesetze befolgte statt sie eklatant zu brechen. Eine Anklage wegen Misshandlung und dem ganzen sonstigen Dreck, den Leo am Stecken hatte, würde ihm garantiert eine langjährige Haftstrafe eingebracht haben. Stattdessen hatte Emilia beschlossen, in Eigenregie Justiz zu spielen, und das mit seiner Hilfe. Fabian konnte sich nicht vorstellen, aus dieser völlig verfahrenen Situation jemals wieder mit heiler Haut herauszukommen.

Des Öfteren schon hatte er nach Erklärungen gesucht für Leos anscheinend extrem gestörte, möglicherweise sogar gespaltene Persönlichkeit. Zum einen schien er ein mental durch und durch gesunder Mann zu sein, der seine Frau auf Händen trug und mit nachhaltigem Charme erfolgreich um ihre Liebe warb, doch dann wieder entpuppte er sich urplötzlich als ein von unerklärlicher Brutalität getriebener Sadist, der sich nicht unter Kontrolle hatte. Von Emilia wusste Fabian, dass Leo in einem Waisenhaus aufgewachsen war, weil seine Mutter ihn wie auch noch zwei weitere Kinder unmittelbar nach der Geburt zur Adoption freigegeben hatte. Sie war drogenabhängig, bekam ihre drei Kinder von drei verschiedenen Vätern und hatte sich mit der Erziehung hoffnungslos überfordert gefühlt. Leonhard, der Älteste, hatte nach Emilias Aussage zu keiner Zeit Kontakt zu seiner Mutter gehabt.

Fabian widerstrebte es, in Unkenntnis von Leos Biographie über seine womöglich schwere Kindheit zu spekulieren und daraus plausible Gründe für Abirrungen herzuleiten. Psychologie war nicht sein Fachgebiet, er hätte sich auf dünnes Eis begeben, falls er eine den Analytikern vorbehaltene Diagnose gestellt hätte. Ohnehin wurde von ihm lediglich verlangt, Leos physischen Zustand zu beurteilen. Seine aus Liebe zu Emilia gefälschten jährlichen Gutachten stellten den medizinischen Dienst von Leos Krankenkasse offenbar restlos zufrieden. Es stand angesichts seiner Fachkompetenz und Reputation kaum zu erwarten, dass irgendjemand ihnen jemals auf die Schliche kam, zumal Emilia bei den zweimal pro Jahr stattfindenden Visiten der Krankenkassenmitarbeiter eigens für sie eine dramaturgisch ausgefeilte und wahrhaft bühnenreife Burleske aufführte.

Fabian atmete auf und begann mit dem Bericht über den Patienten Leonhard von Nolting. Er notierte per Hand den aktualisierten Befund als im Großen und Ganzen unverändert, aber stabil, die Prognose bezeichnete er immer noch als wenig günstig mit geringer Aussicht auf Heilung und die Betreuung durch seine als Krankenschwester ausgebildete Ehefrau als bestmöglich. Dann legte Fabian, schwer atmend wie nach einem Langstreckenlauf, die Krankenakte beiseite und schob eine weitere Kapsel in den Kaffeeautomaten. Er musste wach bleiben. Sein Dienst ging noch weitere zwölf Stunden.

3 Der Bunker

Der Bunker war ein heute obsolet anmutendes Relikt aus dem Kalten Krieg, nicht mehr als ein von jeglichem Sinn entleerter Anachronismus, den der Gang der Geschichte längst überholt hatte. Erbaut in den siebziger Jahren von Emilias Vater Eduard Horn, der mit dem Feindbild des blutrünstigen Russen aufwuchs und sich mit dem unterirdischen Schutzkeller gegen den in der kollektiven Erwartung damals jederzeit bevorstehenden Einmarsch der Roten Armee wappnen wollte, wölbten seine wuchtigen, mehr als zwei Meter dicken Mauern sich unter dem Gartenrasen der Familienvilla in der Kaiser-Wilhelm-Straße, einen Steinwurf nur entfernt von Kurhaus und dem weltberühmten Casino von Baden-Baden. Das geräumige Verlies maß im Grundriss zwölf mal acht Meter, verfügte über drei nach draußen führende, mit Filtern versehene Luftschächte, eine Gegensprechanlage, drei Betten, einen elektrischen Herd, Dusche, Waschbecken und WC sowie Regalwände, in denen seinerzeit ein Bataillon von Konservendosen und zahllose Pakete mit Reis, Bohnen und Teigwaren gestapelt waren. Im schlimmsten Fall wäre eine dreiköpfige Familie durchaus in der Lage gewesen, hier nicht gerade einen Atomkrieg, aber doch eine längere Invasion zu überstehen.

In den Jahren nach dem Tod Eduard Horns hatte das monströse Kabinett als Keller und Stauraum gedient, bevor Emilia den naheliegenden Plan fasste, es für das langsam in ihr Gestalt annehmende Vorhaben zu nutzen. Ihr Vater, der dieses unterirdische Bauwerk nach seinen Plänen in Auftrag gegeben hatte, war im Jahr 2008 für sie gänzlich unerwartet verstorben, obwohl die ihn behandelnden Ärzte seine Überlebenschancen zuletzt mit kaum optimistischen Prognosen zu beurteilen wagten. Zwei Jahre vor seinem Tod waren bei ihm mysteriöse Symptome aufgetreten. Eines Abends schwoll urplötzlich sein gesamter Körper an, als hätte jemand Luft hinein gepumpt. Gleichzeitig litt er unter starken Schmerzen und atmete flach. Mit letzter Kraft gelang es ihm noch, den Notruf der Ambulanz zu wählen, die ihn unter Einsatz von Blaulicht auf der Stelle ins Klinikum Hohenbaden brachte. Dort standen die Ärzte vor einem Rätsel. Ein Patient mit derartigen Beschwerden war ihnen niemals zuvor untergekommen. In seiner Ratlosigkeit entschied der damalige Chefarzt, ihn per Hubschraubertransport gleich weiter in die Universitätsklinik nach Heidelberg zu verlegen, ein, wie sich später herausstellte, Glücksfall für das Leben Eduard Horns, denn dort diagnostizierte der diensthabende Oberarzt die Krankheit fachkundig als Clarkson-Syndrom, ein bislang weltweit weniger als einhundert Mal aufgetretenes Leiden, über dessen Ursache wie auch wirksame Behandlung aufgrund des völligen Mangels an Erfahrung weit auseinander gehende Meinungen herrschten.

Die Ärzte der Universitätsklinik zögerten nicht lange, sedierten Emilias Vater und fügten ihm lange Schnitte an Armen, Beinen und Körper zu, durch welche das Blut, das aus den porösen Gefäßen in sein Gewebe gequollen war und seinen Körper unnatürlich anschwellen ließ, abfließen konnte. Anschließend versetzten sie ihn in ein sechs

Wochen anhaltendes Koma. Erst als die mit ungezählten Stichen vernähten Wunden halbwegs vernarbt waren, holten sie ihn zurück ins Bewusstsein. In dieser Zeit des künstlichen Komas, so berichtete Eduard Horn später seiner Tochter schaudernd, hätten ihn fortwährend wahrhaft apokalyptische Horrorträume heimgesucht, die mit entsetzlichen Alpgesichten seine Seele gepeinigt hatten. Nie wieder, nicht einmal in den Tiefen gänzlich ausgeschalteter Wahrnehmung, wollte er das noch einmal durchstehen müssen.

Nach einem dreimonatigen Aufenthalt in der renommierten Universitätsklinik von Heidelberg trat Eduard Horn schließlich in einer Fachklinik in Bad Godesberg eine Rehabilitationskur an, die vor allem dazu diente, seine durch die sein Leben rettenden Schnitte großflächig gekappten Nerven wieder funktionstüchtig zu machen. Mühsam lernte er das Gehen, das Greifen mit den Händen, die kinetischen Automatismen des Alltags. Weitere zwei Monate später wurde er entlassen und kehrte heim in der schmerzlichen Gewissheit, dass er zeitlebens niemals wieder von einer Frau berührt werden würde. Sein Körper war für immer entstellt durch die endlos langen Narben vom Hals abwärts, ein Anblick puren Entsetzens. Im Spiegel sah ihm ein Monster entgegen, vor dessen Anblick ihm selbst graute.

Bereits nach dem frühen Tod seiner Frau, während der Jahre von Emilias Internatsaufenthalt, hatte Eduard Horn, um der quälenden Vereinsamung des Witwers mit aller Macht etwas entgegenzusetzen, den Bunker für seine immer ausschweifenderen Sexualfantasien herrichten lassen.

Damals schon hegte er, in Ermangelung eines geregelten Ehelebens, bisweilen abseitige Wünsche, die nunmehr in seinen vom Koma entfachten Träumen weitere Inspiration erfahren hatten. In die Seitenwände des Bunkers waren zwei von Motoren betriebene Spulen eingelassen, welche an Handmanschetten befestigte Stahlketten aufwickelten. Legte man einem bereitwilligen Delinquenten diese beiden stählernen Schellen um die Handgelenke und spannte sodann die Ketten durch den von einem Knopfdruck in Betrieb gesetzten Mechanismus an, stand der so Gefesselte mit ausgebreiteten Armen wie gekreuzigt in der Mitte des Raumes und war, da er in dieser Position allein die Beine zu bewegen vermochte, nahezu wehrlos, etwas das Emilias Vater maßlos erregt haben musste. Sie begehrte auf keinen Fall zu wissen, ob er selbst sich in diesen Ketten ausgeliefert oder es vorgezogen hatte, seine Opfer darin gefügig zu machen.

Manchmal dachte Emilia voller Abscheu darüber nach, welche perversen Gelage der geheime Bunker in diesen Jahren nach dem Tod ihrer Mutter gesehen hatte, aber dann wischte sie solche Gedanken schnell beiseite. Eduard Horn hatte oftmals für sündhaft teures Geld Damen aus dem Gewerbe engagiert, um seine Obsessionen in die Realität umzusetzen, kühne Tableaus, die um erfinderische Formen von Dominanz und Unterwerfung, um exzessive Gewaltfantasien von Blut und Schmerzen kreisten. Doch das Bild ihres, um seine Narben vor seinen Gespielinnen zu verbergen, in ein hautenges Latextrikot gekleideten Vaters, der hier in diesem Raum sein zuletzt, wie sie fand, erbärmliches

Leben ausgehaucht hatte, verursachte in Emilia nichts als Übelkeit. Sie wollte sich daran nicht erinnern, niemals mehr.

Der eine ganze Weile funktionslose Bunker und die dort für die sadistischen Spielchen der späten Jahre Eduard Horns eingebauten, über zwei elektrische Spulen aufrollbaren Ketten jedoch erwiesen sich im Nachhinein als treffliche Vorrichtung bei der Kasernierung ihres Gatten. An reiner Kraft war ihr Leo haushoch überlegen und hätte sie, wenn es drauf ankam, trotz ihrer hart erarbeiteten Kampfkunst immer noch mit Leichtigkeit besiegt. Selbst die stählernen Fesseln minderten nicht seine Gefährlichkeit, sondern waren im Gegenteil bei geschickter Verwendung als Waffe zu gebrauchen. Einmal hatte Emilia beim Betreten des Bunkers die Ketten nicht aufgerollt, ein fataler Fehler, denn in Leo brannte plötzlich eine Sicherung durch, und er hatte ihr in blinder Wut die Metallglieder um den Hals geschlungen und gedroht, sie zu erwürgen, falls sie ihn nicht sofort freiließ. Zum Glück konnte sie mit der rechten Hand den Elektroschocker greifen, den sie vor ihm verborgen unterm T-Shirt stets bei sich trug, und sich aus seinem Griff befreien, als er, in Schmerz gekrümmt durch den unverhofften Stromschlag, von ihr abgelassen hatte.

Unbemerkt von ihm, der in seiner steilen Karriere als Pharmareferent die meisten Tage der Woche unterwegs war und oft nicht daheim, sondern in Hotels übernachtete, hatte Emilia, bevor sie ihren Plan verwirklicht und Leo hier eingesperrt hatte, eine Überwachungskamera in den Bunker einbauen lassen, welche zum Zweck lückenloser Kontrolle mit eigens in sämtlichen Räumen der Villa angebrachten

Monitoren verbunden waren. Von überall im Haus konnte sie ihn beobachten und dabei das erregende Gefühl uneingeschränkter Macht über ihn auskosten.

Es waren nun bald fünf Jahre, dass Leo im Bunker lebte, abgeschottet von der Welt, ein Gefangener, *ihr* Gefangener, den sie mit all ihr zu Verfügung stehenden Konsequenz Buße tun ließ für das, was er ihr zuvor in den Jahren ihrer Ehe angetan hatte. Und sie hatte den Spieß erfolgreich umgedreht, hatte, nachdem er sie über Jahre hinweg systematisch misshandelt, belogen und betrogen hatte, schlussendlich die totale Kontrolle über ihn gewonnen. Das war ihre einzigartige Rache, und sie genoss jeden einzelnen Moment, in dem sie Leo in ihrer Gewalt wusste. Und dennoch liebte sie ihn, liebte ihn immer noch, sie konnte sich nicht erklären warum. Es war eine *amour fou,* sie benötigte keinen Grund, sie war einfach da, unauslöschlich und tief in ihrem Herzen verankert für allezeit.

Mit einem Lächeln betrat sie, das Tablett auf Händen balancierend, den Bunker. Leo schaute sie erwartungsvoll an aus seiner Kreuzigungspose, die er theatralisch übertrieb. Sogar in solch einer demütigenden Situation war er die geballte Inkarnation von *sex appeal* in seiner animalischen Ausstrahlung.

- Ich hoffe, du hast ordentlich Appetit, denn heute gibt es dein Lieblingsessen, begrüßte sie ihn leutselig und trug das Tablett zu dem Tisch, auf dem er seine Mahlzeiten einnahm.

- Über die Köchin kann ich kaum klagen, was immer sie serviert, ist fantastisch, antwortete er jovial.

Ihr untrügliches Gespür für seine oft schwankenden Stimmungslagen signalisierte Emilia, heute war ihr Gatte auf Harmoniekurs. Er hatte immer schon seine ihn spontan überkommenden Launen gehabt, was sich in der Zeit seiner Gefangenschaft eher noch verschlimmert hatte, obwohl sie, seitdem er im Bunker hauste, in der im Verlauf ihrer Ehe ihr in Fleisch und Blut übergegangenen Wachsamkeit stets auch Strategie hinter seinem Verhalten witterte, ganz gleich ob er sich als handzahmer Kater oder auf Krawall gebürstet gab. Sie war sicher, dass sein gesamtes Denken sich nur um den einen Fixpunkt drehte: wie er sich endlich aus dieser misslichen Lage befreien konnte. Und er testete unentwegt aus, wie er sie überrumpeln konnte oder auch, wie er sie am eindringlichsten überzeugen konnte, ihm die Freiheit zurückzugeben. Es war ein ständiges Pokern um Macht zwischen ihnen, in vielerlei subtiler Gestalt, wobei sie zu ihrer Genugtuung die besseren Karten stets auf ihrer Hand wusste. Sie hatte nicht vor, ihn jemals wieder in ein normales Leben zu entlassen. Er würde hier im Bunker ihr Gefangener bleiben bis ans Ende aller Tage.

Emilia ging zurück bis vor die Tür und lockerte per Knopfdruck seine Ketten, damit er sich an den Tisch setzen und essen konnte. Dann nahm sie auf einem Sessel im hinteren Raumdrittel Platz und schaute ihm zu. Dort war sie vor einem eventuellen Angriff sicher, denn die Ketten erlaubten ihm vollständig ausgefahren lediglich einen Radius von fünf Metern, der reichte, um am Tisch zu sitzen und auf dem Bett liegen oder duschen zu können.

Leo entfernte die Tellerglocke und schnalzte genüsslich mit der Zunge. Die Ketten rasselten bei jeder seiner Bewegungen.

- Tatsächlich, mein Leibgericht. Habe ich das denn verdient? fragte er mit schelmischem Unterton, wobei er das Kinn auf die Brust senkte und sie neckisch anschaute.
- Aber mein Schatz, ich liebe dich so sehr, du hast jeden Tag deines Lebens etwas ganz Besonderes verdient, antwortete sie scheinbar im Brustton der Überzeugung.
- Etwas ganz Besonderes wäre die Freiheit, hakte er sofort nach.
- Fang doch nicht schon wieder damit an, entgegnete sie schnippisch.
- Aber das ist alles, was ich mir wünsche, sagte er, die Maske zerknirschter Resignation aufsetzend.
- Damit du mich wieder schlecht behandelst, wandte sie ein.
- Damit ich dich für den Rest meines Lebens auf Händen tragen und wieder gutmachen kann, was ich dir angetan habe, meinte Leo mit lauerndem Augenaufschlag.

Emilia entging es nicht. Sie musste bei ihm fortwährend auf der Hut sein. Bei all ihrer verrückten Liebe vergaß sie niemals, sie hielt hier ein Raubtier gefangen, welches sie ohne die Einschränkung der Ketten auf der Stelle zerfleischen würde. Langsam zerteilte Leo mit dem Messer das Kalbsfilet und aß mit sichtlichem Genuss die von ihr zubereitete Mahlzeit.

- Du solltest mir dankbar sein, dass ich dich von der Welt da draußen fernhalte. Diese Pandemie hat innerhalb kürzester Zeit schier unvorstellbare Formen angenommen. Und deine anhaltende Eremitage hier hat mit Sicherheit dein Immunsystem nicht gestärkt. Du würdest dich infizieren, sobald du den Fuß aus dem Keller heraussetzt, sagte Emilia.
- Nach allem was ich über dieses Virus weiß, würde ich das in Kauf nehmen, wenn ich nur endlich wieder ein normales Leben führen könnte, mit dir, an deiner Seite, als dein Mann und nicht länger als dein Gefangener, erwiderte er.
- Und was ist mit Yvonne? fragte Emilia mit unbewegtem Gesicht.
- Ich bin mit dir verheiratet, hast du das vergessen? meinte Leo und stippte ein Kartoffelstückchen in Morchelrahm.
- Mit ihr ja wohl auch. Und obendrein hast du zwei Kinder mit Yvonne, du hast eine richtige Familie, die dich brauchen würde, wenn du ein freier Mann wärst, wandte sie ein.
- Alles was passiert ist und was ich heute so sehr bereue, konnte allein geschehen, weil die Frau, die ich wirklich liebe, niemals Kinder von mir wollte, sagte er.

- Eine kinderlose Ehe rechtfertigt nicht die Brutalität, mit der du mich die ganzen Jahre behandelt hast. Und wir beide wissen ganz genau, du würdest auf der Stelle damit weitermachen, sobald du könntest. Du bist ein gnadenloser Sadist und wirst es immer bleiben, hielt ihm Emilia vor.
- Ich würde dir so gern beweisen, dass ich mich geändert habe, aber du musst es auch zulassen, seufzte Leo, sein unleugbares Talent für Melodramatik zur Schau stellend.

Emilia verspürte mit einem Mal das innige Bedürfnis ihn zu küssen. Auf ihn, auf seine berechnenden Mätzchen hereinfallen würde sie nicht mehr, niemals. Aber sie sehnte sich nach seiner Berührung, seinen Lippen. Nachdem er seine Mahlzeit beendet hatte, erhob sie sich und befahl ihm:

- Stell dich hin!

Leo schaute sie erstaunt an, stand aber gehorsam vom Tisch auf und breitete seine Arme aus. Sie ging durch die Tür nach außen zum Manual, mit dessen Tastatur sie seine Ketten aufrollte. Der Mechanismus brummte und quietschte leise. Als Leo schließlich mit gespannten Fesseln in seiner Kreuzigungspose verharrte, trat Emilia nah an ihn heran.

- Augen zu! verlangte sie in einem Ton, der keinen Widerspruch duldete.

Er gehorchte. Wenn er leicht irritiert war, ließ er sich nichts anmerken. Erst als sie ihre Lippen zart auf seine

Lippen legte, zuckte er überrascht. Morcheln, dachte sie, er schmeckt nach Morcheln.

Die rechte Hand hielt Emilia um den Elektroschocker geklammert, um sich wehren zu können für den Fall, dass er seine Beine als Waffe gebrauchen würde. Doch ihr Mann war lammfromm. Zärtlich erwiderte er den Kuss und schlug nach endlos langen drei, vier Sekunden die Augen auf. Für einen Moment glaubte sie, ein starkes Gefühl von Liebe auf dem Grund seiner funkelnden Iris zu entdecken, doch dann entzog sie sich gewaltsam dem Zauber des Augenblicks, bevor er sie überwältigen konnte. Leo war und blieb eine gefährliche Bestie, explosiv, unberechenbar, ein Killer.

Aber dieser Kuss…dieser Kuss: warum konnte er nicht ewig dauern?

4 Doppelleben

Die Spedition Horn & Sohn, gegründet nach dem Krieg von Emilias Großvater Gottlieb Horn, war ein durch und durch florierendes Unternehmen, als im Jahre 2008 sein ihm nachfolgender Sohn und Emilias Vater Eduard Horn, wie von den Ärzten beizeiten prognostiziert, an einem Rezidiv des Clarkson-Syndroms verstorben war. Nach seinem für Emilia überaus schmerzlichen Tod hatte sie aus der Not geboren dringenden Handlungsbedarf verspürt und die Firma, solange diese noch einen respektablen Wert darstellte, für sieben Millionen Euro verkauft, inklusive der Lastwagenflotte von elf Fahrzeugen. Als gelernte Krankenschwester war sie im Speditionsgeschäft ein Grünschnabel und mit den dort anstehenden Aufgaben hoffnungslos überfordert. Aus diesem Grund sah sie, wollte sie das Lebenswerk ihrer Väter nicht mit Vollgas vor die Wand fahren, keine andere Möglichkeit, als die Firma an den meistbietenden Konkurrenten zu veräußern. Zwei unabhängige Experten hatten den Wert des Unternehmens auf etwas mehr als sieben Millionen taxiert, so dass sie den letztlich gezahlten runden Preis als akzeptabel empfand.

Ihre Anstellung als Krankenschwester im Klinikum Hohenbaden hatte sie nach Eingang der Kaufsumme unverzüglich gekündigt. Von einem Vermögen in dieser Größenordnung konnte sie ein bequemes, ja luxuriöses Leben führen. Emilia war in finanziellen Dingen ohne jede Erfahrung, weil sich zu seinen Lebzeiten ausschließlich ihr Vater um

Geschäft und Geldanlagen gekümmert hatte. Ihr Entschluss, ein Bankhaus mit der professionellen Verwaltung ihres Vermögens zu beauftragen, war daher nur ein logischer Schritt und brachte ihr wie erhofft reiche Ernte ein, denn trotz zwischenzeitlich globaler Finanzkrise sowie gelegentlicher Turbulenzen in der Weltwirtschaft hatte die Bank ihr Finanzdepot seit dem Verkauf der Firma im Jahr 2008 nahezu verdoppelt. Selbst die dreisten Gebühren des Geldinstituts schmälerten ihren Gewinn nur unwesentlich. Immerhin lernte sie eins beim Umgang mit den Bankern: oft genug verbargen sich unter dem Deckmäntelchen seriöser Kleidung nahezu kriminelle Haie, die nur eines im Sinn hatten: auf Kosten der Kunden das Geld der sie beschäftigenden Banken zu mehren, was im Gegenzug auch ihre Provisionen in exorbitante Höhen trieb. Emilia nannte sie die Flanelltäter und war stets alarmiert, wenn ihre Finanzberater sie mit angeblich lukrativen Investments kontaktierten.

Seltsam erschien es ihr, dass Leo nach ihrer Heirat, die ein Jahr nach dem Tod Eduard Horns stattfand, keine Sekunde mit dem Gedanken liebäugelte, seine Arbeit ebenfalls aufzugeben. Die ihnen monatlich zur Verfügung stehende Summe war äußerst üppig und hätte ganz bequem für sie beide gereicht, ohne dass sie dank der von Profis gemanagten Vermögensanlage jemals die Substanz anzutasten gehabt hätten. Aber Leo argumentierte damals überzeugend, dass er seinen Beruf liebte und die ihm bevorstehende Karriere ihn zu sehr reizte, als dass er sich dem süßen Nichtstun verschreiben und auf Kosten seiner Gattin leben würde.

Anfangs mochte seine Begründung noch der Wahrheit entsprochen haben, später jedoch, zwei, drei Jahre danach, als sie das Thema nochmals anschnitt, weil er einfach zu viel Zeit von zuhause fort war, entdeckte sie durch einen kaum glaublichen Zufall den eigentlichen Grund für seinen verbissenen Arbeitswillen. Und diese niederschmetternde Wahrheit rechtfertigte, ganz abgesehen von Leos sadistischer Brutalität, mit welcher er sie in den Jahren ihrer Ehe immer wieder misshandelt hatte, auch die strenge Form der Vergeltung, welche sie an ihm seither übte.

Im Lauf der Zeit hatte sich Emilia trotz ihres anfänglichen Unmuts notgedrungen damit abgefunden, dass Leos Beruf als Pharmareferent ihn oft während der ganzen Woche und nicht selten auch an Wochenenden, an denen er Weiterbildung, Seminare und interne Meetings seines Arbeitgebers vorschob, von einem geregelten Eheleben zuhause fernhielt. Sie war immer schon eine eigenständige Frau gewesen, die niemals Langeweile verspürte und ihr Glück nicht von der Anwesenheit ihres Partners abhängig machte, solange die Verbindung auf das stabile Fundament von Liebe, Treue und Aufrichtigkeit gebaut war. Obendrein telefonierten sie jeden Tag einmal, oft auch zweimal, und er hielt sie ungefragt auf dem Laufenden, in welcher Stadt er sich befand, wie sein kommender Tagesablauf aussehen würde und wann er bei seinem straffen Terminkalender Zeit für ein Telefonat finden würde. Meist rief Leo sie an, weil er auf Firmenkosten telefonieren konnte. Emilia hatte niemals auch nur den allergeringsten Verdacht geschöpft, dass ihr Ehemann ein Doppelleben führen könnte.

Eines Abends versuchte sie, nachdem sie tagsüber bereits zweimal telefoniert hatten, außerplanmäßig sein Mobiltelefon anzuwählen, erreichte jedoch lediglich die Mailbox, die ihr mitteilte, dass der Teilnehmer nicht erreichbar war. Kurzentschlossen rief sie das Hotel an, in welchem er, wie sie wusste, bei seinen Aufenthalten in Aschaffenburg zu übernachten pflegte, und verlangte ihren Mann zu sprechen. Die Rezeptionistin schaute im Computersystem nach und teilte ihr dann mit, dass ein Herr Leonhard von Nolting nicht Gast in ihrem Haus sei. Auf Emilias weitere Nachfrage stellte sich heraus, dass der vermeintliche Stammgast in diesem Hotel gänzlich unbekannt war und niemals dort übernachtet hatte.

Ihre Verwunderung und Irritation wichen einem leise aufkeimenden Verdacht, dass irgendetwas nicht in Ordnung war, aber sie fand beim besten Willen keine Erklärung dafür, was es sein könnte. Leo hatte oft von seinem Hotel in Aschaffenburg erzählt und geradezu euphorisch das dort servierte Frühstücksbüffet gerühmt, und Emilia war sicher, dass sie den Namen des Hotels nicht verwechselt hatte.

Als er sie am nächsten Tag anrief, erwähnte sie mit keinem Wort ihren abendlichen Anruf und erkundigte sich nur beiläufig, wie seine Arbeit sich anließ und wo er gerade war.

- Hab ich das gestern nicht erwähnt? Ich bin doch in Aschaffenburg im Hotel für den Rest der Woche, sagte Leo.

- Ach ja, stimmt, ich hatte das nur vergessen, sagte Emilia.

Es gab nichts zu beschönigen: sie hatte ihn bei einer faustdicken Lüge erwischt. Sofort war ihre detektivische Neugier geweckt, sie wollte wissen, aus welchem Grund er log und was er zu verbergen hatte. Emilia kannte diverse Apps für ihr Mobiltelefon, welche per GPS-Tracking den aktuellen Standort eines Teilnehmers nach Eingabe seiner Nummer anzeigten, und eine solche App lud sie sich aus dem Playstore auf ihr Telefon. Dann tippte sie unmittelbar nach der fertigen Installation Leos Handynummer ein. Das Ergebnis wurde in weniger als zehn Sekunden ermittelt: das Telefon ihres Ehemanns, auf dem er sie soeben noch angerufen und ihr mitgeteilt hatte, dass er sich im Hotel in Aschaffenburg befände, zeigte als seinen exakten Standort ein Haus in der Gertrudisstraße in Köln-Lindenthal an.

Emilia war nicht der Typ Frau, der ihren Mann wegen gelegentlicher Ungereimtheiten wutentbrannt zur Rede stellte und ihm eine hysterische Szene machte. Solch ein Verhalten, das lehrte sie schon die Vorsicht, hätte Leo lediglich zu weiteren Prügelattacken animiert. Mehr lag ihr, heimliche Strategien zu entwickeln, um in der Schwebe befindliche Dinge aufzuklären. Sie beschloss, Leos Aufenthaltsorte während seiner Abwesenheit mittels der Tracking-App im Auge zu behalten und, falls sich dort ein regelmäßiges Muster ergeben sollte, diesem unverzüglich auf den Grund zu gehen.

In ihr war ein erster Verdacht geweckt. Ihr Mann hatte sie belogen, und sie würde herausfinden warum. Der Gedanke, dass sie verborgen im Hintergrund die Fäden zog und ihn unbemerkt unter ihre Kontrolle bekam, erfüllte sie mit einem Gefühl von Macht, einem wundervollen Gegengewicht zu seiner sonstigen Dominanz. Was auch immer sie herausfinden würde, Leo würde sich dafür verantworten müssen. Ohnehin waren ihre Fortschritte in *Martial Arts* so weit gediehen, dass sie möglichen Attacken seinerseits jetzt auch eine profunde Wehrhaftigkeit entgegenzusetzen vermochte. Eines stand für sie fest: sie wollte sich niemals wieder von ihm schlagen lassen. Dieses Kapitel seiner brutalen Übergriffe war vorbei, endgültig vorbei.

Soweit ihr bekannt war, hatte Leo von dem Unternehmen, für das er arbeitete, der *PharmAbon*, zwei Vertriebsgebiete zugeteilt erhalten, eins umfasste Teile Baden-Württembergs, das andere befand sich im Grenzbereich von Hessen und Bayern. Kundentermine im Umkreis von zweihundert Kilometern nahm er von Baden-Baden aus wahr, um dann abends zurückzukehren, Hotelübernachtungen dagegen standen an bei weiter entfernten Terminen. Köln, wo er sich laut Tracking-App bei ihrem Anruf aufgehalten hatte, dürfte mit absoluter Wahrscheinlichkeit nicht in seinen Zuständigkeitsbereich fallen. Was also hatte er dort getan, und warum log er sie an auf die Frage nach seinem Aufenthaltsort?

In der Woche darauf schlief Leo zuhause, fuhr an fünf aufeinander folgenden Werktagen, zumindest laut seinen Auskünften, nach Freiburg, Kornwestheim, Friedrichshafen, Esslingen und zuletzt Tübingen, von wo er dann für das Wochenende nach Münster fahren würde, da in der Firmenzentrale wieder einmal ein Seminar für die Außendienstler anberaumt war. Emilia schaute, während Leo abends duschte, diskret auf den Kilometerstand seines Firmenwagens und stellte keinerlei Auffälligkeiten fest, die seine Angaben als unwahr entlarvt hätten.

Am Samstag, als er vorgab, in Münster zu weilen, gab sie seine Telefonnummer in die Tracking-App ein, doch war sein Telefon offenbar ausgeschaltet und ließ sich nicht lokalisieren. Später am Tag aber rief Leo sie an und beschwerte sich unmutig über das langweilige Seminar, dessen Teilnahme ihm auferlegt worden war und ihm jetzt das gemeinsame Wochenende mit ihr versaute. Noch im Moment, in dem sie das Gespräch beendeten, rief sie abermals die App auf und gab erneut seine Nummer ein. Sekunden später zeigte ihr Display die gleiche Adresse in Köln an, die es bereits einmal ermittelt hatte. Demnach war Leos augenblicklicher Aufenthaltsort nicht Münster, sondern abermals die Gertrudisstraße in Köln-Lindenthal.

Emilia fuhr den Computer hoch und öffnete im Browser Google Maps. Dort fügte sie die Adresse in die Suchleiste ein, scrollte, als eine Karte von Köln auf dem Monitor erschien, nah an die betreffende Straße und das durch eine rote Pinn-Nadel markierte Gebäude heran und schaltete dann auf Satellitenansicht. Dort befand sich, das konnte sie aus der Vogelperspektive der Kamera genau erkennen, weder ein Hotel noch ein Firmenkomplex. Die Gertrudisstraße in Köln war ein reines Wohngebiet, mit augenscheinlich ruhig und idyllisch gelegenen Einfamilienhäusern in grünen Gärten. Und in dem zu dieser Adresse gehörigen Garten, das war ebenso deutlich zu sehen, standen bunte Kinderspielgeräte: eine Rutsche, eine Schaukel und ein aufblasbares Planschbecken, deren Farben vor dem dunklen Rasen gelb, rot und blau leuchteten.

5 Die zweite Frau

Das Haus in Lindenthal hatte sie im vorigen Jahr verkauft und war mit den Kindern in eine kleinere Eigentumswohnung gezogen, unweit vom Eigelstein. Der immer noch tief in ihr verwurzelte Kummer um das ungeklärte, nunmehr sich bald zum fünften Mal jährende Verschwinden Leos wurde mehr und mehr überlagert von der Sorge, wie sie sich und die Kinder durchbringen konnte. Yannick ging zur Schule, Annalena in die Kita. Natürlich konnte Yvonne noch eine Weile vom restlichen Geld zehren, welches sie durch den Hausverkauf auf die hohe Kante gelegt hatte, aber manchmal hatte sie das Gefühl, es zerfloss nur so zwischen ihren Händen, zumal die Differenz zum Kaufpreis des Apartments nicht groß gewesen war. Immobilien in der Großstadt waren mehr denn je Luxusobjekte, und die monatlichen Kosten, auch wenn sie keine Miete bezahlen musste, summierten sich auf ein Volumen, das sie kaum noch zu schultern in der Lage war.

Auch den Renault hatte sie abgeschafft, weil sie in ihrer angespannten finanziellen Situation ein letztendlich doch kostspieliges Auto als unnötigen Luxus empfand. Obendrein verfügte Köln über ein beispielhaft ausgebautes Netz des öffentlichen Nahverkehrs; Straßenbahn, U-Bahn, Busse, alle fast rund um die Uhr verfügbar, falls sie, was ab und an vorkam, weitere Strecken in der Stadt zurückzulegen hatte. Morgens brachte sie zu Fuß erst Yannick zur Schule, dann Annalena in den Kindergarten. Von da fuhr sie zwei

Haltestellen mit der U-Bahn, hastete zur Kantine in der Deutschlandzentrale der Krankenkasse, wo um 8.30 Uhr ihre Schicht begann und sie bis 13.30 Uhr die Essensausgabe vorbereitete und durchführte. Danach nahm sie den Bus zur Berufsschule im Stadtteil Bilderstöckchen, um dort in einer Kolonne von acht Frauen, außer ihr allesamt Migrantinnen aus Syrien, dem Irak, Afghanistan und dem Kosovo, Flure, Klassenräume und Toiletten für den Mindestlohn zu putzen. Diese Arbeit dauerte für gewöhnlich bis 16.00 Uhr, worauf sie die Kinder wieder einsammelte und gegen 17.00 Uhr zuhause eintraf.

Doch jetzt war durch die Pandemie alles anders. Ihr Leben schien auf den Kopf gestellt, ihr so perfekt eingespielter Alltag einer alleinerziehenden Mutter wurde durch diese bis vor kurzem noch völlig unvorstellbare, weil allenfalls als eine fantastische Utopie des Absurden abgetane Situation fundamental hinterfragt. Ohne jede Vorwarnung mussten die Kinder von einem auf den anderen Tag in häuslicher Quarantäne bleiben, und Yvonne stand vor der Wahl, entweder für ihre Arbeitsstunden eine Tagesmutter zu engagieren oder sich von ihrem Arbeitsgeber vorübergehend von ihren Pflichten entbinden zu lassen und selbst daheim zu bleiben, um auf die Kinder aufzupassen. Ihre monatlichen Einkünfte, die kaum über zwölfhundert Euro lagen, reichten ohnehin schon vorne und hinten nicht zum Leben. Jetzt drohten sie völlig wegzubrechen, und sie konnten die in ihrer Dauer noch gar nicht überschaubare Krise nur überbrücken, wenn sie an ihre rapide schmelzenden Ersparnisse ging. Die Nachrichten brachten täglich Berichte über irgendwelche undurchsichtigen, von der Regierung aufgelegten Hilfsprogramme, doch sie zweifelte, dass solche Unterstützung ausgerechnet bei ihr ankommen würde.

Yvonne nutzte die Zeit daheim, um ihren Kindern Unterricht zu erteilen. Das digitale Ersatzangebot von Yannicks Schule war äußerst dürftig, und die Kita, welche Annalena besuchte, besaß gar keine Möglichkeit, die Kinder per Videoschaltung zum Spielen zu animieren. Yvonne war auf sich allein gestellt. So gelangte sie zu der Überzeugung, dass, wollte sie ihre Kinder nicht der durch die weitreichenden Einschränkungen der Pandemie vermutlich komplett verblödenden Generation zurechnen, ihre erzieherischen ebenso wie ihre didaktischen Fähigkeiten gefragt waren. An fünf Tagen in der Woche, montags bis freitags, strukturierte sie die Vormittage von morgens um 8.00 Uhr bis mittags um 12.00 Uhr mit straffem Unterricht. Sie schaute in Yannicks Schulbücher und nahm mit ihm den Lernstoff der dritten Klasse durch, während sie gleichzeitig Annalena leichtere Aufgaben zuteilte und ihr das Alphabet nahebrachte, jeden Tag einen neuen Buchstaben. Zweimal am Morgen legte sie zwanzigminütige Spielpausen ein, an deren Beginn und Ende sie ihren Wecker auf Alarm stellte.

Ihr mütterlicher Stolz kannte keine Grenzen, als dank solcher Bemühungen ihre Tochter bereits lange vor ihrer im Herbst bevorstehenden Einschulung lesen und schreiben konnte und sie gleichzeitig sah, wie ihr Sohn sein tägliches Pensum mit Lerneifer und Bravour absolvierte. Mehrfach pro Woche telefonierte sie mit seiner Lehrerin und stimmte mit ihr die Aufgabenstellung für ihn ab. Andere Eltern, das wusste sie aus Telefonaten mit Freundinnen ebenso wie aus Fernsehmagazinen, machten während der Ausgangssperre gerade die familiäre Hölle durch.

Doch auch wenn Yvonne ihren Tagesablauf souverän gestaltete, blieb die drängende Sorge um ihre Finanzen immer gegenwärtig. Und es verging kein Tag, an dem sie nicht unter Tränen an Leo dachte. Sie vermisste ihn unendlich.

Im März des Jahres 2010, vor nunmehr zehn Jahren, hatte sie Philipp Leonhard kennengelernt, an einem so unromantischen Ort wie dem Wartezimmer ihres Gynäkologen. Sie nahm an diesem Vormittag einen Termin zur alljährlichen Routineuntersuchung wahr, und er saß ihr gegenüber mit seinem Musterkoffer voller Broschüren und Pharmaka und wartete ebenso wie sie darauf, vom Doktor ins Sprechzimmer gebeten zu werden. Er hatte sie immer wieder angelächelt, während sie sich gegenüber saßen, sie mit einer Zeitschrift, um sich die Wartezeit zu verkürzen, er mit einem Terminkalender, den er zu durchforsten vorgab, wo er nur Augen für sie zu haben schien. Yvonne war jung, völlig unerfahren, was Männer anging, und seinem Charme ohne die geringste Gegenwehr restlos erlegen. Als sie die Praxis verließ, hatte er auf sie gewartet, ihr seine Visitenkarte überreicht und gesagt:

- Gestatten, Philipp Leonhard, aber alle nennen mich nur Leo, seit meiner Kindheit schon.

Ein Jahr später hatte er um ihre Hand angehalten, und sie hatte sich am Ziel all ihrer Träume geglaubt.

Von Beginn an war Leo unermüdlich unterwegs gewesen in seinem Job als Pharmareferent für die *Mediasan AG*, einem in Ulm ansässiges Unternehmen. Manchmal sah sie ihn eine ganze Woche nicht, wenn er in seinem zuständigen Vertriebsgebiet in Baden-Württemberg Termine in Arztpraxen und Krankenhäusern hatte. Und an jedem zweiten Wochenende nahm sein Arbeitgeber sämtliche Mitarbeiter des Außendienstes in die Pflicht und forderte ihre Anwesenheit bei Weiterbildungsmaßnahmen und Seminaren. Dann war Leo gezwungen, in Hotels zu übernachten. Aber dennoch hatten sie eine glückliche Ehe geführt. Und die Zeit, wo sie ihren ständig von zuhause fort weilenden Mann vermisste, hatte sich mit der Geburt ihres Sohnes Yannick im Jahr 2012 relativiert, und mehr noch, als zwei Jahre später Annalena ihr Glück vollkommen werden ließ.

Bei ihrem Umzug im letzten Jahr hatte sie lange überlegt, ob sie Leos Sachen mitnehmen sollte, aus dem geräumigen Haus in der Gertrudisstraße in die deutlich kleinere Wohnung, wo viel weniger Platz war, und sich schließlich doch dafür entschieden, aus Nostalgie, aber auch aus einem Gefühl der Treue. Sie konnte und wollte sich nicht damit abfinden, dass er nie wieder zurückkommen würde. Seine Garderobe hatte sie in ihrem Kleiderschrank untergebracht und den Inhalt seines Schreibtischs ausgeräumt und in zwei Umzugskartons gepackt, die immer noch unberührt unter der Einbaukommode im Wohnzimmer standen. Sie gab die Hoffnung nicht auf, es war unmöglich für sie. Ihre Kinder brauchten den Vater, und sie wollte nur eins: den Mann zurück an ihrer Seite, welcher trotz seiner häufigen Abwesenheit der Mittelpunkt ihres Lebens gewesen war.

Die Ungewissheit war das Schlimmste: dass sie nicht wusste und sich überhaupt keinen Reim darauf machen konnte, was geschehen war. Yvonne glaubte fest daran, dass Leo etwas zugestoßen sein musste, doch sie spürte auch mit der unerschütterlichen Gewissheit ihres malträtierten Herzens, er lebte noch. In ihrer Fantasie gab es tausend und dann wieder keine einzige Erklärung für sein Verschwinden. Endlos lange und immer wieder, an jedem Tag seit seinem Weggang hatte sie gegrübelt, sich den Kopf zermartert mit allen erdenklichen Eventualitäten, ohne dass sie auf eine halbwegs glaubwürdige Lösung gestoßen wäre. Bestimmt irrte er durch die Welt, ohne Orientierung, geschlagen mit Vergessen und fand nicht nachhause, weil er sein Gedächtnis verloren hatte. Ein Unfall, ein Verbrechen, eine Verkettung unglücklicher Umstände – alles war denkbar, aber niemals, niemals hatte Yvonne die Möglichkeit in Betracht gezogen, dass Leo sie und die Kinder verlassen haben könnte. Nein, das hätte er niemals übers Herz gebracht. Er liebte seine Familie, die sein Ein und Alles gewesen war.

Damals als sie Leo vermisst gemeldet hatte, war wenig später eine acht Mann starke Sonderkommission der Kriminalpolizei gebildet worden, welche unverzüglich die Ermittlungen aufgenommen hatte. Sie hatten seinen Wagen, einen ihm von seiner Firma zur Verfügung gestellten Audi A6 mit Ulmer Kennzeichen, auf einem Park & Ride-Areal in Köln-Weiden gefunden, nur einen Kilometer entfernt von ihrem

Haus. Der Fundort gab Rätsel auf, nicht nur der SOKO, sondern auch ihr. Hatte Leo dort jemanden getroffen? War er vielleicht in Fahrgemeinschaft weitergereist, wenn ja, mit wem und wenn nicht, wie war er von dort weggekommen? Er hätte weniger als zehn Minuten zu Fuß gehen können bis zur ihrem Haus in der Gertrudisstraße, aber warum parkte er dort und nicht direkt vor dem Haus. Das machte alles keinen Sinn. Die Kripo hatte den Kofferraum des Audi leer vorgefunden. Leo ließ niemals seine Musterkoffer über Nacht im Wagen, aus Angst, er könnte aufgebrochen und die Medikamente gestohlen werden. Wo aber waren dann seine Warenproben geblieben? Hatte er sie anderweitig transportiert und wenn ja, wie?

Alle diese Fragen brannten ihr auf der Seele, immer noch, mit unverminderter Qual, ohne dass sie jemals eine Antwort darauf gefunden hatte. Die Ermittlungen der SOKO waren längst ergebnislos eingestellt, die Akte Philipp Leonhard bei den unaufgeklärten Fällen abgeheftet, und dennoch lebte da die Hoffnung weiter in Yvonne, dass er eines Tages zurückkommen würde.

An einem der kommenden Abende würde sie sich, wenn die Kinder schliefen, endlich, wie schon lange geplant, die Umzugskartons mit seinen Sachen vornehmen, im niemals nachlassenden Schmerz über seinen Verlust wieder einmal ein paar Tränen weinen oder auch ihm in überschwellendem Glück einfach nur nahe sein bei der Durchsicht seiner privaten und geschäftlichen Unterlagen.

- Leo, du fehlst mir so, flüsterte sie in die Dunkelheit ihres Schlafzimmers, doch niemand hörte sie.

6 Pancuronium

Durch sein tägliches Training schaffte er inzwischen einhundertundfünfzig Liegestütze am Stück, ohne auch nur einmal einzuhalten. Die Ketten behinderten ihn bei seinen Übungen kaum, eher dienten sie noch als zusätzliche Gewichte, vergleichbar den beiden Hanteln, die Emilia ihm mitgebracht hatte. Leos vorrangiges Ziel war es, fit zu bleiben, denn das erschien ihm die alles entscheidende Voraussetzung dafür, dass er sich eines Tages mit eigener Kraft aus dieser verfluchten Lage befreien konnte, obwohl er noch nicht die geringste Ahnung hatte, wie er das anstellen könnte. Außerdem verkürzte sein verbissenes Training ihm die Zeit.

Meist lag er den größten Teil des Tages auf dem Bett. Seit kurzem beobachtete er von dort mit einiger Sorge den Schimmel in der Ecke über der Dusche. Der Bunker verfügte über eine Filter- und Absauganlage, doch mit der Zeit hatten sich, vermutlich durch die nicht gänzlich entsorgte Feuchtigkeit, dunkelgrüne Flecken gebildet. Vielleicht reichte es bereits, wenn man einen neuen Filter einsetzte. Leo sorgte sich ein wenig wegen seiner Atemwege. In letzter Zeit schien ihm eine hartnäckige Bronchitis Probleme zu bereiten, vielleicht schon eine Folge der Schimmelsporen. Er musste Emilia bitten, etwas dagegen zu unternehmen. Sie mochte ihn hier einsperren, aber sie würde niemals seine Gesundheit gefährden. Ihm war klar, sie wollte das Spielchen endlos auskosten, ihn so lange wie möglich ihre Macht spüren lassen. Immer wieder fragte er sich, wie das Ganze am Ende ausgehen würde: vielleicht doch unausweichlich mit seinem Tod, denn wie wollte sie jemals aus dieser verrückten Nummer wieder herauskommen ohne für sie schwerwiegende Konsequenzen der Freiheitsberaubung?

Er war ihr ausgeliefert, ja, das war er, auf Gedeih und Verderb, und diese scheinbar völlig ausweglose Ohnmacht trieb ihn zunehmend in den Wahnsinn. Wenn sie ihm über die Gegensprechanlage befahl, sich in Position zu stellen, damit sie die Ketten aufrollen konnte, dann hatte er keine andere Wahl als zu gehorchen. Tat er nicht, wie sie verlangte, blieb sie ganz einfach weg, unterbrach die Wasserversorgung des Bunkers und blieb einfach weg. Das bedeutete für ihn kein Essen, kein Wasser und keinen Kontakt zu ihr. Und das wäre für ihn das Schlimmste: die Einsamkeit, sie nicht sehen und mit ihr reden zu können, selbst unter diesen ihn dauerhaft demütigenden Umständen.

Nach eingehender Überlegung verwarf er die naheliegende Option, sie körperlich anzugehen, wie er es einmal blindwütig getan hatte, um prompt von ihr mit Stromschlägen gezüchtigt zu werden. Wenn sie die Ketten gestrafft hatte, vermochte er ohnehin lediglich die Beine für einen Angriff zu gebrauchen, was keine wirkliche Gefahr für sie darstellte. Außerdem war sie mit dem Instinkt einer Raubkatze immer auf der Hut und trug, allzeit unvorhersehbarer Attacken seinerseits gewärtig, den Elektroschocker griffbereit am Gürtel. Und an der hinteren Wand des Verlieses, dort wo er nicht einmal mit losen Ketten hinreichte, lag ein scheinbar niemals schwindender Vorrat an Pancuronium, irrwitzigerweise aus seinem Musterkoffer, das sie ihm sofort injizieren würde, wenn er in seiner Verzweiflung ausrastete. Und selbst wenn er sie überwältigen könnte, wäre es ohne den Schlüssel zu seinen Ketten unmöglich sich zu befreien. Emilia aber war nicht so dumm, den Schlüssel jemals bei sich zu tragen. Er hing außerhalb seiner Reichweite, aber stets sichtbar vor seinen Augen, an der hinteren Wand des Bunkers, gleich neben der Tür in die Freiheit, ein quälendes Symbol seiner Ohnmacht.

Der einzig ihm verbleibende Trost in seiner jetzigen Situation war, dass er es allen gezeigt hatte. Diesen Triumph konnte ihm keiner nehmen, auch nicht Emilia, die ihn hier auf so erniedrigende Weise kasernierte. Er hatte es ihr gezeigt, jahrelang, ebenso wie Yvonne und den Kindern, die er so schmerzlich vermisste, den beiden Unternehmen, die ihm Arbeit gaben und die er mit einem so lukrativen Geniestreich ausgetrickst hatte, denn sie wussten bis heute nichts von seiner Doppelbeschäftigung. Der ganzen Welt da draußen hatte er es gezeigt, allen, allen, ihnen allen. Allein seine Schlampe von Ehefrau hatte ihn einmal in seinem Leben überrumpelt. Sie hatte es allen Ernstes eines Tages gewagt sich zu wehren, nachdem er ihr eine mehr als verdiente Ohrfeige verpasst hatte. Yvonne hatte er niemals geschlagen, das hätte er nicht fertig gebracht. Sie war friedfertig und ergeben, sanft und mädchenhaft, und sie himmelte ihn an mit einer demutsvollen Stille, die an all seine Beschützerinstinkte appellierte. Emilia jedoch hatte das Gen, ihn auf die Palme zu bringen mit ihrer Stärke und ihrem

Selbstbewusstsein. Manchmal vergaß er einfach alles um sich herum, und dann musste er ihr deutlich zeigen, wo ihre Grenzen lagen, und dennoch war sie ihm immer auf Augenhöhe begegnet, mit einem nicht zu brechenden Willen, und selbst wenn er sie geprügelt hatte, stand sie kerzengerade wieder auf und funkelte ihn an mit Augen, die ihm Angst einjagten. Und dann hatte sie zu allem Überfluss alles über sein Doppelleben herausgefunden, welches er so sorgsam gehütet hatte.

Wie hätte er ahnen können, dass sie heimlich hinter seinem Rücken *Martial Arts* erlernt hatte, um sich gegen seine sich häufenden Übergriffe zur Wehr zu setzen. Jahrelang hatte sie mit fast schon masochistischem Stoizismus ertragen, wenn er sie verprügelt hatte, und dann wurde sie auf einmal renitent und ging ihn mit wilder, unnachgiebiger Entschlossenheit und einer schier unvorstellbaren Härte an. Leo war sich immer noch sicher, dass Emilia ohne dieses explosive Überraschungsmoment damals keine Chance gegen ihn gehabt hätte. Er war stärker, brutaler und wendiger als sie. Er hätte ihr schon bewiesen, wer hier der Herr im Haus war, wenn diese Attacke nicht so unvermutet über ihn hereingebrochen wäre.

Ein unverhoffter Tritt in seine Weichteile, dass er sich vor Schmerzen krümmte, ein Handkantenschlag gegen die Halsschlagader, der ihn komplett lähmte und einen Moment völlig hilflos machte, ein Fausthieb, der sein Blut aus der Nase auf den hellen Wohnzimmerfliesen verteilte, und zum Schluss ein klassischer Knockout gegen sein Kinn, der ihn in eine kurze Benommenheit befördert hatte. Seine nur

Sekunden andauernde Wehrlosigkeit hatte Emilia benutzt, um ihn ausgerechnet mit diesem Muskelrelaxans vollzupumpen, von dem er eine große Menge Probepackungen in seinem Musterkoffer aufbewahrte. *PharmAbon*, das eine der beiden Pharmaunternehmen, für die er gearbeitet hatte, vertrieb das Mittel in großem Stil, und seine gefüllten Auftragsbücher hatten damals seine Provisionen sprudeln lassen. Jetzt spürte er die verheerende Wirkung der Droge erstmals an sich selbst. Es war Pancuronium, ein Teufelszeug auf der Basis von Curare, dem Pfeilgift der südamerikanischen Indianer. Es hatte seine gesamte Muskulatur so nachhaltig gelähmt, dass er nicht einen Finger bewegen konnte, und gleichzeitig hatte es seine Sinne und sein Bewusstsein geschärft und ihm umso mehr das Gefühl einer abgrundtiefen, totalen Machtlosigkeit verschafft. Es gab nichts, was er in diesem Zustand hätte tun können.

Narkotisiert hatte ihn Emilia aus dem Wohnzimmer die Treppe hinab geschleift in den Bunker. Er bekam alles mit, denn sein Verstand war nicht gelähmt, und er wunderte sich noch über ihre von ihrem unbeugsamen Willen angestachelte Körperkraft. Als die Wirkung des Pancuroniums schließlich nachgelassen hatte, hatte er sich in den Ketten gefunden, die er seither trug wie stählerne Male seiner Schande. Und wenn immer, was zum Glück selten vorkam, sie Besuch empfing, der sich von ihrer Scharade der aufopferungsvoll ihren gelähmten und im Wachkoma dämmernden Gatten pflegenden Ehefrau einlullen ließ, verpasste sie ihm rechtzeitig zuvor eine nicht zu knapp bemessene Dosis von diesem entsetzlichen Gift, von dessen weitreichenden Langzeit-Nebenwirkungen der Beipackzettel kaum vollumfänglich Auskunft gab. Dann verfrachtete sie ihn noch im Bunker in den Rollstuhl und fuhr ihn betäubt von der Droge in gänzlicher Wehrlosigkeit zur gedeckten Kaffeetafel, an welcher sie solche Besucher zu empfangen pflegte. Sein Abteilungsleiter Stefan Bruckmann war zweimal dagewesen, um sich mit eigenen Augen vom desolaten Zustand seines einstmals besten Pferdes im Stall zu überzeugen, auch zwei seiner ehemaligen Vertreterkollegen hatten kurz vorbeigeschaut, bei deren Besuchen er sich des instinktiven Gefühls nicht erwehren konnte, dass beide kaum unglücklich darüber waren, von dieser zuvor schier übermächtigen Konkurrenz ganz offensichtlich keinerlei Bedrohung mehr ausgehen zu sehen.

Dann war einmal die persönliche Sekretärin des Vorstandsvorsitzenden der *PharmAbon* mit einem riesigen Blumenstrauß gekommen, um anschließend ihrem Chef vom tragischen Schicksal seines ehemaligen Mitarbeiters zu berichten. Und zweimal pro Jahr erschien Frau Niemöller vom medizinischen Gesundheitsdienst der Krankenkasse, die den aktuellen Grad von Leos Pflegestufe zu überprüfen hatte und die von Emilia jedes Mal hofiert wurde wie ein königlicher Staatsgast. Zu diesen Besuchen fand sich im Auftrag der Krankenkasse stets auch Fabian ein und spielte gemeinsam mit Emilia Frau Niemöller eine lächerliche Posse vor, die vor allem den Zweck verfolgte, den beklagenswerten Zustand des Pflegepatienten demonstrativ vorzugaukeln wie gleichzeitig die optimale Betreuung durch seine Gemahlin, der gelernten Krankenschwester, zu betonen.

Bei dieser Gelegenheit kam Fabian jedes Mal vor dem vereinbarten Termin zu ihm, legte ihm eine Kanüle in die Armbeuge, durch die er Blut abzapfte und in drei Röhrchen abfüllte. Diese standen gut sichtbar für Frau Niemöller in einem beschrifteten Becher auf der Anrichte. Erst nach dieser Blutentnahme pflegte Fabian ihm das Pancuronium zu spritzen, um Auffälligkeiten bei der späteren Laboruntersuchung zu vermeiden, deren Ergebnisse der Krankenkasse zukommen würden. Während sich Frau Niemöller von Emilia Tee einschenken ließ, trieb Fabian das Spielchen auf die Spitze, indem er bei Leo Blutdruck und Puls maß, ihm Brust und Rücken abhörte, ihm für alle Fälle eine weitere, vorgeblich einer Ernährungsergänzung dienende Infusion durch die Kanüle in die Armbeuge zuführte und in medizinischem Fachjargon seine ärztliche Einschätzung zum Besten gab, dass im ansonsten stabilen Befinden des Patienten keinerlei Veränderung eingetreten sei und seiner Prognose nach auch nicht so bald eintreten würde.

Bei allen zu Besuch Kommenden saß Leo bewegungslos im Rollstuhl, ein tumbes Häufchen Fleisch, zu nichts anderem fähig als zu atmen und mit den Augen zu blinzeln. Nur sein Verstand arbeitete ununterbrochen auf Hochtouren und verschärfte gleichzeitig die Qual ins Unermessliche, dass alles in ihm sich den Besuchern mitteilen wollte und doch nicht konnte und Emilia einmal mehr mit ihrem verbrecherischen Tun ungeschoren davon kam.

Einmal hatte sie ihm das Pancuronium verabreicht und sich auf seinem Bett im Bunker von ihrem Liebhaber nach allen Regeln der Kunst durchvögeln lassen, während er im Rollstuhl daneben saß, alles mit anschauen musste und sich nicht rühren konnte. Das war ihre hundsgemeine Art, perfide Rache an ihm zu üben. Diese schlimmste aller Demütigungen würde er ihr niemals verzeihen, vor allem, weil er die ganze Zeit mit einer steinharten Erektion das schamlose Treiben beobachten musste. Die Droge hatte zwar seine Muskulatur außer Kraft gesetzt, nicht aber seinen Blutkreislauf.

Emilia und Fabian hatten ihn die ganze Zeit überhaupt nicht beachtet, sondern ungehemmt ihrer Lust freien Lauf gelassen. Erst im Moment als sie gekommen war, hatte sie ihre Augen tief in seine gebohrt, eine Botschaft, die er unmissverständlich begriffen hatte. Und er musste zugeben, ihr Liebhaber verstand sein Metier. Leo kannte seine Frau ganz genau, und er konnte einschätzen, ob sie Erregung nur vortäuschte oder wirklich empfand. Und dieser Arzt trieb sie mit seiner Virtuosität auf die höchsten Gipfel, von denen er geglaubt hatte, dass Emilia sie nur mit ihm allein erreichen konnte.

Immer schon hatte Leo geahnt, dass seine unersättliche Kanaille von Ehefrau es mit diesem Kerl trieb. Sie hatte Fabian garantiert schon während ihrer gemeinsamen Krankenpflege-Ausbildung gevögelt, damals im Schwesternwohnheim, lange bevor er selbst in ihr Leben getreten war. Sie hatten es weiter getrieben, hinter seinem Rücken, während ihrer gesamten Ehe, und jetzt, wo er nichts dagegen zu tun vermochte, trieben sie es sogar unverfroren vor seinen Augen. Die unentwegt in ihm glimmende Eifersucht, ein weiterer Grund, der ihn immer wieder dazu angestachelt hatte, Emilia zu misshandeln, hatte ihn nicht getrogen.

Und ihr Liebhaber, ihr skrupelloser Komplize bei diesem Spiel, Doktor Fabian Erbach, ehemals bloß Krankenpflegeschüler, hatte zunächst in Abendkursen das Abitur nachgeholt, nach seiner Ausbildung dann einen Studienplatz für Medizin ergattert und arbeitete jetzt als Oberarzt im Klinikum Hohenbaden, an jenem Ort, der das Leben ihrer aller drei so schicksalhaft verknüpft hatte. Nebenher hatte er als freier Mitarbeiter diese gut dotierte Tätigkeit als Vertrauensarzt beim medizinischen Dienst der Krankenkasse, kraft der er seinen Rivalen mit gefälschten Gutachten außer Gefecht gesetzt hatte. Leo kannte ihn seit langem von seinen Visiten im Krankenhaus, wo er, zu der Zeit noch Stationsarzt, zusammen mit der Oberschwester die von seiner Abteilung benötigten Medikamente bei ihm bestellt hatte. Damals war er ihm gar nicht unsympathisch erschienen. Aber da hatte er auch noch nicht gewusst, dass Fabian ein Verhältnis mit Emilia hatte.

Es war wirklich ein kaum glaublicher Zufall, eine Eins-zu-einer-Milliarde-Chance, dass ausgerechnet Fabian von seiner Krankenkasse als der für ihn zuständige Mediziner bestimmt worden war, aber wer konnte schon sagen, ob nicht Emilia ihre Finger im Spiel gehabt hatte, um durch ihren vermaledeiten Stecher den von ihr gewünschten Befund zu erhalten. Und seine Diagnose war vermutlich eindeutig gewesen: Leo war durch einen Hirnschlag oder Ähnliches für dauerhaft arbeitsunfähig sowie pflegebedürftig erklärt worden, seine durch Pancuronium herbeigeführte Hilflosigkeit hatte Fabian kurzerhand als dem Schlaganfall geschuldetes Wachkoma deklariert und diese jedermann überzeugende Legende bei den Besuchen Frau Niemöllers immer wieder aufs Neue aufgetischt.

Leo war überzeugt, dass die Krankenkasse jeden Monat ein hübsches Sümmchen für die von Fabian attestierte höchste Pflegestufe abdrückte. Natürlich hatte Emilia als gelernte Krankenschwester leichtes Spiel gehabt beim unverzüglich eingereichten Antrag, ihrem hinfälligen Gemahl die notwendige Betreuung zuhause zukommen zu lassen und nicht in einem weit teureren Heim.

Er hasste sie, wie man einen Menschen nur hassen konnte. Auf die Frage, ob er sie jemals geliebt hatte, wusste er keine Antwort mehr. Sein Hass überlagerte alles andere. Eines Tages würde er sie in die Finger kriegen, und dann…

Aber dann dachte er auf einmal wieder an diesen unverhofften Kuss, der seine Knie hatte erzittern und seinen Herzschlag hatte rasen lassen, und seine Gefühle für Emilia in einer klaren Einschätzung zu benennen erschien ihm seit diesem Kuss ganz unmöglich.

7 Clarkson-Syndrom

Im Vergleich mit dem Katholischen Schwesternheim des Klinikums Hohenbaden mussten Sodom und Gomorrha wahrhaft sakrosankte Orte makelloser Unbeflecktheit gewesen sein. An jedem Donnerstagabend fanden im Aufenthaltsraum des neben dem Hauptgebäude gelegenen Heimes Partys statt, an welchen das gesamte Personal teilnahm, welches gerade keine Spätschicht schob: Schwestern, Pfleger, Ärzte, Praktikanten und selbst die Mitarbeiter vom technischen Dienst, welche auf der sozialen Leiter kaum den im medizinischen Bereich Tätigen gleichgestellt waren. Beim wöchentlichen Erstellen der Dienstpläne wollte urplötzlich keiner mehr für die Abendschicht am Donnerstag eingeteilt werden.

Ab 19 Uhr trafen sich alle im großen Gemeinschaftsraum des Schwesternheimes, wo im weiteren Verlauf des Abends unvorstellbare Mengen alkoholischer Getränke konsumiert wurden, bevor man sich paarweise unauffällig in privatere Gemächer zurückzog, um nach zwanzig Minuten mit dem Anschein personifizierter Unschuld wieder aufzutauchen und weiter zu trinken. Nach einer kleinen Atempause, bei welcher der gröbste Durst gestillt wurde, begab man sich anschließend mit dem nächsten Partner in die Zweisamkeit, ein bis in die Morgenstunden andauerndes Bäumchen-wechsel-dich-Spiel. Kettenraucher hatten Hochkonjunktur, Marihuana, Haschisch und Kokain wurden herumgereicht, und es gab alle möglichen Sorten von Pillen, über deren Wirkung Emilia nur rätseln konnte.

Zu Beginn seiner Ausbildung hatte Fabian, stets in ihrer Gesellschaft, einige Male an diesen Partys teilgenommen, konnte dem ungezügelten Treiben jedoch nie etwas abgewinnen. Er hatte weder unmäßigem Alkoholkonsum gehuldigt noch jemals Augen für eine andere als Emilia gehabt. Schließlich war er nicht mehr hingegangen und nahm mehr oder weniger gleichgültig in Kauf, dass er bald darauf auch innerhalb der Dienstzeit von den Kollegen aus dem inneren Kreis der Feierwütigen ausgeschlossen wurde. Ebenso wie Emilia, das hochnäsige Rührmichnichtan, dem ein hohes Maß an Eigendünkel nachgesagt wurde, mied man fortan auch ihn, die verklemmte Spaßbremse, während der folgenden Jahre seiner Tätigkeit als Krankenpfleger. Die Akzeptanz aller erreichte er erst nach Abschluss seines Medizinstudiums bei seiner triumphalen Rückkehr an die Klinik, dieses Mal als Facharzt. Einen Weißkittel, das war in Stein gemeißelt, hatte man unbedingt zu respektieren, ganz gleich ob seine Moralvorstellungen sich mit den eigenen deckten oder nicht.

Immer schon hatte er Emilia geliebt, vom ersten Tag an, als sie die Ausbildung in der Krankenpflege gemeinsam angetreten hatten, und die schrecklichste Zeit in seinem Leben war die gewesen, als Leonhard von Nolting in ihr Leben getreten und sie seinen unermüdlichen Avancen erlegen war. Damals, nach dem spektakulären und für sie furchtbaren Tod ihres Vaters, hatte sie unter starkem Druck gestanden, und Leo hatte mit seiner beharrlichen Verführungstaktik allzu leichtes Spiel gehabt. Fabian hatte nie die Mentalität eines Kämpfers besessen, und er verfluchte sich noch heute dafür, dass er Emilia so ganz ohne Gegenwehr einfach diesem skrupellosen Betrüger überlassen hatte. Und es sah so aus, dass sie immer noch nicht von ihm losgekommen war, auch wenn nunmehr sie die Fäden in der Hand hielt. Er konnte nicht so recht einschätzen, wie sie zu Leo stand, aber Fabian war trotz gelegentlicher Bedenken über ihr illegales Treiben bedingungslos bereit, alles in seiner Macht Stehende zu tun, um den Nebenbuhler kalt zu stellen. Emilia hatte, das wusste er mit Sicherheit, keinen Sex mehr mit ihrem Mann, aber der Verdacht ließ ihn nicht los, dass sie darauf verzichtete, weil es ihr zu gefährlich erschien und nicht, weil sie Leo nicht mehr begehrte.

Es hatte eine Zeit in seiner Beziehung zu Emilia gegeben, als sie sich besonders nah standen und er fest daran geglaubt hatte, sie für immer zu gewinnen. Diese so überaus intensive Periode erlebten sie während Eduard Horns Aufenthalt in der Universitätsklinik Heidelberg im Jahr 2006. Damals hatten sie beide nächtelang darüber debattiert, auf welche Ursachen diese so seltene Krankheit zurückgehen könnte. Emilia war als Krankenschwester natürlich vom Fach, aber Fabian hatte vor einiger Zeit sein Medizinstudium begonnen und vertiefte sich, als er bemerkte, wie nahe ihr des Vaters beklagenswerter Zustand ging, in die wenige Fachliteratur über das auch als Kapillar-Leck-Syndrom bekannte Leiden. Seine Einschätzung war mehr von analytischem Denken geleitet als die ihre und aufgrund seiner intensiven

Lektüre von Fallstudien und deren Beurteilung durch führende Mediziner durchaus von einiger Kompetenz.

Es gab divergierende Meinungen über die erstmals von Clarkson diagnostizierten und daher nach ihm benannten Symptome, Ansichten, die dann in der Summe ein vollständiges, wenngleich nur vorläufiges Krankheitsbild ergeben hatten. Ohne profunde Erfahrungswerte auf breiter Basis war die Wissenschaft immer noch auf zu viele Spekulationen angewiesen, es gab Vertreter, die auch ohne signifikante Beweise und nur anhand von Fallbeispielen auf genetische Ursprünge verwiesen, andere jedoch äußerten die vage Theorie einer Auto-Immunerkrankung mit eventuell viralem Auslöser. Fabian tendierte eher zur Annahme einer genetisch bedingten Abnormität, was Emilia, ihr zukünftig eigenes Schicksal womöglich vor Augen, konsequent bestritt.

Letztlich aber blieben all ihre Einschätzungen auf pure Vermutungen und wissenschaftlich kaum haltbare Theorien gegründet. Von vorrangiger Bedeutung war es für Emilia zunächst, dass ihr Vater seine Gesundheit vollständig wieder erlangte. Sie hatte viel zu früh ihre Mutter verloren und fürchtete nichts so sehr wie den Verlust auch des Vaters. Als Eduard Horn nach Monaten aus der Rehabilitation zurückkehrte und ein nahezu normales Leben wiederaufnahm, war sie überglücklich. Zwei Jahre mit ihm waren ihr noch vergönnt, bevor das stets als drohendes Unheil über allem schwebende Rezidiv auftrat und ihr den Vater nahm.

- Ich bin eine Vollwaise mit gerade einmal dreiundzwanzig Jahren, schluchzte sie in Fabians Armen, nur um gleich darauf Trost bei Leonhard von Nolting zu suchen.

Emilia hatte sich Hals über Kopf in diesen Windhund verliebt, der sich im Nachhinein als eine charakterliche Katastrophe entpuppt hatte, als Bigamist, Betrüger, Sadist und chronischer Lügner. Und Fabian hatte ihm ahnungslos das Feld überlassen, denn während seines Medizinstudiums verbrachte er die Wochentage an der Universität in Heidelberg und kam nur an den Wochenenden nach Baden-Baden. Auch wenn Leo damals schon als Pharmareferent ständig unterwegs war, kehrte er an jedem Abend zurück zu Emilia und setzte sich in Fabians Abwesenheit in ihrem Leben fest wie eine Zecke. Bereits nach wenigen Wochen zog er mit Sack und Pack in die Hornsche Villa in der Kaiser-Wilhelm-Straße, die Emilia nach dem Tod des Vaters jetzt allein bewohnte.

Fabian kannte sie gut und wusste, es machte keinen Sinn, sie unter Druck zu setzen und eine Entscheidung zu verlangen. Dann hätte er sie mit Sicherheit ganz verloren. Mit geballten Fäusten akzeptierte er seine Rolle als Zweitbesetzung und hoffte nur, es würde irgendwann vorübergehen. Zunächst begnügte er sich wohl oder übel damit, dass sie sich weiter trafen, wenn Leo beruflich reiste. Sie hatten Sex wie immer, aber es war nicht so wie früher. Der allgegenwärtige Schatten des Nebenbuhlers verdunkelte ihre Beziehung. Und als Emilia ihn eines Morgens nach einer gemeinsam verbrachten Nacht vor vollendete Tatsachen stellte, dass sie und Leo heiraten würden und dass diese Nacht ihre letzte mit Fabian gewesen sei, war für ihn eine Welt zusammengebrochen, und er hatte beim Abschied nur gestammelt:

- Wir bleiben immer Freunde, ja?

Ein halbes Jahr später, als sie von den Vorzügen einer Ehe gekostet hatte, eröffnete Emilia ihm reumütig, sie wollte die Affäre wiederaufnehmen, denn sie hatte erkannt, sie konnte nicht ohne ihn sein. Fabian war hin- und hergerissen. Sie betrachtete ihn demnach, obwohl sie diese eigenartige Beziehung schon seit Jahren aufrecht erhielten, nur als Affäre, andererseits schmeichelte das Geständnis, dass es ohne ihn nicht ging, seiner Eitelkeit. Er fühlte sich, auch wenn er sie mit Leo teilen musste, vor allem deshalb gut, weil er es hinter seinem Rücken mit Emilia trieb.

Eines Tages in seinen Semesterferien traf er sie, als Leo auf einer seiner beruflichen Touren war, in der Villa und erschrak bei ihrem Anblick. Mitten in ihrem Gesicht, direkt unter dem linken Wangenknochen, prangte ein blau-lilafarbener, faustgroßer Bluterguss. Emilia schaute ihn nicht an und wirkte verzagt.

- Ist es das, wofür ich es halte? fragte Fabian mit mühsam gezügeltem Zorn und deutete auf das Hämatom.
- Wofür hältst du es denn? fragte sie zurück und lachte halbherzig.
- Wenn er dich schlägt, bringe ich ihn um, sagte er wild entschlossen.

- Aber nein, nicht doch, es war meine eigene Dummheit. Ich bin mit der Wange gegen die geöffnete Kofferraumklappe gestoßen, versuchte sie ihn zu beschwichtigen, aber so recht vermochte er ihr nicht zu glauben.

Erst viel später, als Emilia einen verlässlichen Komplizen für ihren Plan von Leos Einkerkerung benötigte, gestand sie ihm frank und frei, dass ihr Mann sie die gesamten Jahre ihrer Ehe immer wieder geprügelt und in jeder erdenklichen Form misshandelt hatte. Und Fabian in seiner ihn in diesem Augenblick überkommenden grenzenlosen Wut hatte sich auf der Stelle bereit erklärt, ihr in allen Belangen dieser ebenso abenteuerlichen wie kuriosen Vergeltung behilflich zu sein.

8 Nachforschungen

Während der gesamten vergangenen Woche hatte Leo in Baden-Baden genächtigt und von dort aus seinen Kundenstamm von Arztpraxen und Kliniken in der Umgebung besucht. Er war mit sehr erfolgreichen Abschlüssen in Achern, Emmendingen, Weil am Rhein, Bretten und Pforzheim unterwegs gewesen, und daraufhin hatten sie abends eine sehr harmonische Zeit verlebt, ohne dass er auch nur einmal gewalttätig geworden war. Am Sonntagabend verließ er die Villa, um seinen Angaben zufolge in sein Stammhotel in Aschaffenburg zu fahren, von wo aus er früh am nächsten Morgen die wöchentlichen Kundenbesuche wahrzunehmen gedachte. Montags in aller Herrgottsfrühe überprüfte Emilia mittels der App seinen Aufenthaltsort. Wieder war sein Telefon nicht eingeschaltet. Voller Ungeduld biss sie sich auf die Lippe und stellte die Kaffeemachine an. Schlafen konnte sie nicht mehr.

Gegen 8.00 Uhr versuchte sie es ein zweites Mal und hatte prompt Erfolg. Leo befand sich, genau wie sie geargwöhnt hatte, unter der ihr schon geläufigen Adresse in Köln-Lindenthal. Am nächsten Tag gab sie seine Nummer um die gleiche Zeit ein. Wieder zeigte die App dieselbe Adresse.

Emilia war sich nicht ganz schlüssig, was sie tun sollte. Aus einem Instinkt heraus widerstrebte es ihr, Fabian einzuweihen, obwohl sie ihm alles anvertrauen konnte. Er war ihr Fels in der Brandung, unerschütterlich und immer für sie da. Aber sie wollte sich doch zunächst Klarheit verschaffen über das, was Leo hinter ihrem Rücken trieb, bevor sie sich mit Fabian besprach. Vielleicht würde es Licht in die Angelegenheit bringen, wenn sie nach Köln fuhr und vorort möglichst diskret Erkundigungen einzog: unauffällig Posten beziehen, aus einiger Entfernung dieses ominöse Haus beobachten, eventuell Nachbarn befragen, all die Dinge tun, die sie aus Detektivfilmen kannte.

Sie schlief eine Nacht über dieses Vorhaben, das erregend nach Abenteuer roch, und fasste am nächsten Morgen den endgültigen Entschluss, es in die Tat umzusetzen.

Den Rest der Woche beobachtete sie weiterhin aufmerksam Leos geographischen Radius in der App. Er war ausschließlich in Nordrhein-Westfalen unterwegs, einem Gebiet, das ihrem Wissen nach kaum in seine Zuständigkeit fiel. Aber vielleicht hatte er sie auch da getäuscht, obwohl sie einen Grund dafür nicht sehen konnte. Sie vertraute darauf, dass ihre Fahrt nach Köln letztendlich den ersehnten Aufschluss bringen würde. In der kommenden Woche wäre Leo wieder in Baden-Baden, also würde sie ihren Plan in der darauf folgenden Woche verwirklichen.

Am Tag vor Antritt der Fahrt hatte Emilia sich, um jede Möglichkeit einer Entdeckung durch Leo auszuschließen, bei einer Autovermietung einen Leihwagen genommen, einen unauffälligen, silbergrauen Skoda mit getönten Scheiben und einem Kennzeichen aus Stadthagen in Niedersachsen. Mitten in der Nacht, kurz vor 3.00 Uhr, fuhr sie von Baden-Baden los. Um diese Zeit war wenig Verkehr auf der Autobahn, und sie erreichte Köln gegen 6.00 Uhr früh. Das

Navigationsgerät führte sie zielsicher in die Gertrudisstraße. Langsam erklomm die fahle Dämmerung den Himmel, was ihr die Orientierung leichter machte.

Zur Erkundung des ihr gänzlich unbekannten Terrains patrouillierte sie die um diese Stunde ruhig daliegende Straße einmal herauf und herunter und fand dann einen Parkplatz etwa dreißig Meter entfernt von dem Haus, welches die App ihr als Aufenthaltsort Leos angezeigt hatte. Emilia suchte die Reihe der parkenden Autos nach seinem Wagen ab, doch Leos Daimler erblickte sie nicht. Vielleicht hatte er die Nacht nicht hier, sondern im Hotel verbracht. Sie wartete.

Eine Weile geschah nichts. Hartnäckig kämpfte sie gegen die Müdigkeit nach nur vier Stunden Schlaf in der Nacht. Aus den Nachbarhäusern kamen einige Male Personen und stiegen in am Straßenrand geparkte Wagen, vermutlich um zur Arbeit zu fahren. Ein älterer Mann führte einen Hund an der Leine aus. Vogelgesang drang durch die einen Spalt geöffnete Seitenscheibe ins Innere des Skoda.

Dann, um genau 7.45 Uhr, kam Leo aus dem Haus. Er trug seinen Musterkoffer in der Linken, in der Rechten eine graue Babyschale mit einem Säugling. Es war allem Anschein nach ein Mädchen mit rosafarbener Mütze und weißem Strampelanzug und mochte nicht viel mehr als ein Jahr alt sein. Gleich hinter Leo verließ eine blonde Frau das Haus und schloss die Tür. Sie hielt einen vielleicht dreijährigen Jungen an der Hand. Beide folgten Leo zu einem dunkelroten Renault, an dem er den Musterkoffer absetzte und die Beifahrertüre öffnete. Behutsam stellte er die Babyschale auf den Sitz, um anschließend die Gurte festzuzurren.

Während dessen hob die Frau den Jungen in den Kindersitz im Fond des Wagens und sicherte auch ihn durch einen Kreuzgurt. Dann warfen Leo und die Frau zeitgleich die Autotüren zu, er gab ihr einen Abschiedskuss und stieg mit seinem Koffer in einen vor dem Renault geparkten, nachtblauen Audi mit Münsteraner Kennzeichen. Die Frau setzte sich in den Renault, und beide fuhren einander zuwinkend los.

Emilia wartete noch eine kurze Weile, nachdem beide Wagen sich entfernt hatten. Dann schaute sie sich vorsichtig nach allen Seiten um, stieg, als niemand zu sehen war, aus ihrem Wagen und ging hinüber zu dem Haus, aus dem alle vier gekommen waren. In ihrem Kopf kreisten wilde Vermutungen.

Fast zögernd öffnete sie das kleine Gartentor und betrat das Grundstück. Der Vorgarten war nicht groß, ein Fliederbaum stand in einem kleinen Rasenviereck. Kantensteine fassten den grünen Flecken ein. Ein mit hellem Granit gepflasterter Weg führte zum Haus. Seitlich davon, wie eine Skulptur im Rasen, stand ein amerikanischer Briefkasten aus Aluminium. Emilia verlangsamte ihre Schritte. In ihr kämpften Neugier und Furcht.

Im Eingangsbereich über der Klingel, gleich neben der Haustür, erblickte sie ein getöpfertes Schild, auf dem stand: *Philipp Yvonne Yannick Annalena Leonhard.* Sie spürte einen leichten Schwindel in sich hochsteigen. Unwillkürlich musste sie schlucken. Als sie sich wieder gefangen hatte, überlegte sie angestrengt. Im ersten Moment kam ihr der durchaus nicht abwegige Gedanken, dass Leo hier ein

Quartier als Untermieter gefunden hatte, aber warum hatte er das vor ihr verheimlicht und ihr stattdessen Lügen aufgetischt? Und dann würde sein Name doch auch kaum auf einem getöpferten Schild stehen, welches in gewisser Weise eine dauerhafte Adresse verbürgte und nicht nur einen zeitweiligen Mitbewohner anzeigte. Dann durchfuhr die Erkenntnis sie wie ein Blitzschlag: er war mehr als das. Leo war hier der Hausherr, der Lebensgefährte dieser blonden Frau und der Vater der beiden Kinder. Er musste das sein. Wie jedoch konnte sie den fünften Vornamen auf dem Namensschild deuten: Philipp? Wer war das? Yvonne, das schien klar, musste die Frau sein, Yannick und Annalena die Kinder. Es fiel ihr schwer, einen klaren Gedanken zu fassen. Alles kreiste in ihr.

Der immer noch andauernde Schwindel bereitete Emilia Mühe, sich auf das zu konzentrieren, was als nächstes zu tun war. Natürlich könnte sie den ganzen Tag im Auto hier auf der Straße warten, bis dieser Philipp auftauchte und sie auch ihn einzuordnen vermochte, aber sie verspürte keine große Lust dazu. Dann fiel ihr eine schnellere und effiziente Möglichkeit ein. Sie ging zurück zum Wagen, setzte sich ans Steuer und befragte ihr Mobiltelefon nach der Homepage des Einwohnermeldeamts in Köln.

Dort fand sie unter der Rubrik *Online-Melderegisterauskunft* die erforderlichen Voraussetzungen für eine Adressenanfrage. Diese war an drei Bedingungen geknüpft: das Ausfüllen eines Antragsformulars, das sie downloaden konnte, eine Erklärung, dass sie die Daten nicht zu Werbung oder Adresshandel gebrauchen würde, und ein Kontoauszug, welcher die Überweisung der fälligen Gebühr von elf Euro nachwies.

Emilia notierte IBAN der Stadt und den Code des für derartige Anfragen üblichen Verwendungszwecks und überwies ohne Zeitverzug den geforderten Betrag von ihrem Telefon aus. Daraufhin fertigte sie einen Screenshot von ihrem Kontoauszug an, schickte denselben zusammen mit dem ausgefüllten Formular und der Erklärung an die Mailadresse des Einwohnermeldeamtes und trat, noch immer in Hochspannung, die Heimfahrt an.

Eine Woche später lag in ihrer Post ein Brief mit dem Absender der Stadt Köln. Mit zitternden Fingern riss sie den Umschlag auf und las die sehnsüchtig erwartete Bestätigung dessen, was ihre gequälte Fantasie ihr in aberwitzigen Mutmaßungen immer wieder eingeflüstert hatte. Unter der angefragten Adresse in der Gertrudisstraße in Köln waren nicht fünf, sondern vier Personen gemeldet. Es handelte sich um die Familie Leonhard, bestehend aus Philipp, Yvonne, Yannick und Annalena. Leonhard war der Familienname. Diese offizielle Auskunft ließ den eindeutigen Schluss zu, dass ihr Ehemann Leonhard von Nolting hinter ihrem Rücken ein bestens getarntes Doppelleben führte. Er nannte sich Philipp Leonhard, war verheiratet mit dieser blonden Frau namens Yvonne, was demnach als juristisch relevanter Tatbestand bedeutete, dass er in Bigamie lebte, er hatte ganz offenbar mit ihr zwei Kinder gezeugt und fuhr obendrein einen Emilia unbekannten Wagen, in dem sie nur ein ihm von einer (anderen?) Firma zur Verfügung gestelltes Fahrzeug vermuten konnte.

9 Fantasiegeburten

In den fünf Jahren, in denen Leo nunmehr kaserniert im Bunker lebte, hatte er vielleicht am meisten den Wechsel der Tageszeiten vermisst, Dunkelheit und Tageslicht. Emilia ließ vierundzwanzig Stunden die Deckenbeleuchtung eingeschaltet, aus lauter Bosheit, vermutlich um ihn im Ungewissen darüber zu lassen, ob er gerade beobachtet wurde oder nicht. Er vermochte die Lampe zu dimmen, aber nicht ganz auszuschalten. Wenn er Dunkelheit herbeisehnte, zum Schlafen oder auch nur um seine Augen von dem ewigen Kunstlicht zu entspannen, setzte er sich eine Schlafbrille auf, die Emilia ihm besorgt hatte. Und Tageslicht, das fehlte ihm schmerzlich, denn natürlich verfügte der unterirdische Bunker über keinerlei Fenster oder auch nur eine winzige Luke. Immerhin besaß Leo eine digitale Wanduhr, an welcher er die Zeit ablesen konnte. Eine analoge Uhr hätte ihn nur irritiert, weil er daran nicht unterscheiden konnte, ob es Tag oder Nacht war.

Seltsamerweise verspürte er niemals Langeweile, trotz dieses nahezu luxuriösen Überschusses an nicht produktiv zu nutzender Zeit. Er lag auf dem Bett und dachte nach. Er hatte Fantasien, vielerlei in alle Richtungen schweifende Fantasien. Den Großteil seiner Zeit überlegte er fieberhaft, wie er sich aus dieser Lage befreien konnte, ohne dass er bisher einen Ausweg gefunden hätte. Auch durchlebten seine ziellos umher schweifenden Gedanken immer wieder die Jahre mit Emilia, mehr noch, das musste er sich eingestehen, als die mit Yvonne und den Kindern.

Ein regelrechtes Gefühl von Triumph überkam ihn immer dann, wenn er an den genialen Schachzug dachte, der ihm gleichzeitig eine Beschäftigung bei zwei Pharmazieunternehmen eingetragen hatte. Beide Firmen hatten ihn unabhängig voneinander und in Unkenntnis seiner lukrativen Trickserei eingestellt. Niemand wusste von diesem Coup, weder von seinen astronomischen Gehältern in gedoppelter Form noch von seinen zwei Firmenwagen, von denen er den einen fuhr, während er den anderen auf dem Park & Ride-Platz in Köln-Weiden abstellte, bevor er sie im Wochentakt wechselte. Dieses Leben bedeutete im Gegenzug geballte Termine, eine stramme logistische Herausforderung, die er spielend meisterte, eine Woche, in welcher er im Einsatz für die *PharmAbon* mit Firmensitz in Münster in seinem Vertriebsgebiet in Süddeutschland unterwegs war, in der folgende Woche dann für die in Ulm ansässige *Mediasan AG*, für die er Nordrhein-Westfalen bereiste. Leo war eine Koryphäe in seinem Job als Pharmareferent, seine Umsätze waren, obwohl er zeitlich gesehen jeweils nur eine halbe Stelle ausfüllte, mit Abstand die höchsten in beiden Firmen, er war der von beiden Firmenleitungen hochgepriesene Starvertreter, das Hätschelkind der Vorstände. Ohne diese seine herausragende Kompetenz und Findigkeit hätte er eine solche Mammutaufgabe niemals bewältigen können.

Glücklicherweise erleichterte die Tatsache ihm seine Arbeit, dass sich die beiden Unternehmen auf ganz unterschiedliche Produkte spezialisiert hatten. Für die *PharmAbon* verkaufte er ein breites Spektrum an Narkotika, Barbituraten, Sedativa und Anästhetika, deren Abnehmer in der Hauptsache Hospitäler waren, aber dann auch wieder die nicht geringe Zahl an Arztpraxen, die ambulante Operationen durchführten. Der Schwerpunkt der *Mediasan AG* dagegen lag auf völlig anderen Medikamentengruppen, vor allem auf Zytostatika, Antiseptika, Immunsuppressiva, Hormonen und Antirheumatika. Für diese Arzneimittel machten niedergelassene Ärzte und große Gemeinschaftspraxen einen hohen Prozentsatz seines Kundenstamms aus, während im direkten Vergleich dazu der Bedarf der Krankenhäuser kaum nennenswert ausfiel. Nur selten überschnitten sich die Aufträge der Kunden, aber es kam durchaus gelegentlich vor. Dann schlug Leo zwei Fliegen mit einer Klappe und verbuchte bei einer Tour zweifachen Umsatz. Und dennoch war er niemals aufgeflogen bei seinem riskanten Spiel.

Sein Erfolg verdankte sich neben der von ihm einfallsreich gehandhabten Logistik nicht zuletzt auch einer findigen Gerissenheit, die ihm seit seinen Kindertagen im Waisenhaus ein Wesensmerkmal war und die ihm effiziente Strategien eingab, dank derer er seine Umsätze in nicht unerheblichem Maße steigerte. Er führte akribische Listen über seine Kunden, über Ärzte sowohl wie deren wichtigste Mitarbeiter. Darin notierte er Vorlieben, Hobbies und Interessen seines jeweiligen Ansprechpartners nebst den kleinen oder manchmal auch größeren Präsenten, die er ihnen bei all seinen Besuchen gemacht hatte, ein klarer Fall von fortlaufender Bestechung. Den Orthopäden mit dem temperierten Humidor im Keller seines Hauses bedachte er mit einer Flasche 2015er Château Pétrus, die er mal eben für viertausend Euro auf einer Weinauktion ersteigert hatte. Der von Freude überwältigte Arzt, Vorsteher einer überaus renommierten chirurgischen Privatklinik, revanchierte sich durch eine Order im Volumen von insgesamt einhundertdreiundvierzigtausend Euro, was Leos Provision selbst nach Abzug des teuren Tröpfchens immer noch üppig erscheinen ließ. Die Oberschwester der geriatrischen Abteilung in der größten Klinik von Ostwestfalen bekannte ihm bei seinem Antrittsbesuch, bei welchem sie lediglich aus Höflichkeit eine kleinere Bestellung aufgab, dass sie eine leidenschaftliche Sammlerin von Barbie-Puppen sei und sich im Besitz von mehr als zehntausend Exemplaren befand, aber verzweifelt nach einer seltenen Puppe suchte, derer sie trotz ihrer zahlreichen Kontakte zu Spielzeug-Liebhabern in aller Welt einfach nicht habhaft werden konnte. Als Leo beim nächsten Mal die Klinik aufsuchte, hatte er auf verschlungenen Wegen das wirklich sündhaft teure Modell, eine noch originalverpackte Barbie #2 von 1959, erworben und überreichte es ihr mit einem nonchalanten Lächeln, welches die perplexe Schwester nach Rücksprache mit dem Stationsarzt zu einer sein Auftragsbuch geradezu sprengenden Bestellung animierte.

Ohne es zu beschönigen: es waren wahrhaftig glorreiche Zeiten gewesen, und er fühlte namenlosen Stolz über all das in seinem Leben Erreichte, was angesichts seiner Herkunft einem kleinen Wunder gleichkam. Er, die verachtete Waise, aufgewachsen in der illusionslosen, kalten Düsternis eines Kinderheims, drangsaliert von bigotten Nonnen und sadistischen Erziehern, ohne Liebe und ohne Chancen, er hatte es allen Widrigkeiten zum Trotz geschafft. Er hatte nicht nur ein, er hatte zwei Leben geführt, erfolgreich, erregend, parallel und, wie er damals glaubte, klar und undurchschaubar voneinander abgegrenzt. Doch er hatte Emilia unterschätzt, die nicht minder gerissene kleine Schlampe. Sie war ihm tatsächlich auf die Schliche gekommen. Vielleicht hatte er sich zu sehr in Sicherheit gewiegt in seinem mustergültig durchorganisierten Doppelleben, vielleicht hätte er sie nicht prügeln sollen, um ihre bodenlos erscheinende Rachsucht anzustacheln, vielleicht war sie ihm sogar ebenbürtig in Willen, Tatkraft und Umsetzung. Manchmal rang sich Leo das Bekenntnis ab, dass Emilia die kaum einfache Aufgabe seiner Gefangenschaft bravourös erfüllte.

Für Yvonne, seinen zweiten Arbeitgeber *Mediasan AG* und vermutlich auch für die im Fall seines Verschwindens ermittelnden Behörden galt Philipp Leonhard als unauffindbar verschollen, wurde für tot gehalten, war längst abgehakt, eine beiseitegelegte Akte. Sie hatten mit absoluter Sicherheit seinen auf dem Parkplatz unweit seines Hauses in Köln abgestellten Firmenwagen gefunden, aber keine weiteren Spuren über seinen Verbleib. Und Leonhard von Nolting, Ehegatte Emilias und einstmals angesehenster Außendienstler der Firma *PharmAbon*, hatte nach offiziell von Doktor Fabian Erbach bestätigter Diagnose einen Hirnschlag erlitten und vegetierte, in den eigenen vier Wänden liebevoll gepflegt von seiner aufopferungsvollen Gemahlin, im tragischen Dämmer eines irreversiblen Wachkomas dahin.

Die Situation erschien ihm verfahren, aussichtslos, deprimierend. Leo sah, so sehr er sich den Kopf zermarterte, nirgends einen Weg, auf dem er jemals seine Freiheit zurückerlangen konnte, und die fortdauernde Talsohle seiner Empfindungen ließ ihn verzweifeln in chronisch trübsinniger Stimmung.

Und dann waren da immer die erotischen Bilder in seinem Kopf, die in unaufhaltsamem Ansturm seine Isolation überrollten wie eine verheerende Springflut. Ihm fehlte Nähe, eine Frau, die er im Arm halten konnte, ihr Duft, ihre Haut, ihre Lippen, ihre Brüste, und ihm fehlte Sex, animalischer, geiler Sex.

In seinen Tagträumen strich er immer wieder mit dem Daumen über Emilias Wirbelsäule, wenn sie neben ihm nackt auf dem Bauch lag und durch die Strähnen ihres ins Gesicht fallenden Haars fast spöttisch seinem Treiben zusah. Leo liebte ihre Rückansicht, die sich unter der samtweichen Haut abzeichnenden Wirbel, jeder einzelne ein Meisterwerk der Poesie, das sanft abfallende Tal oberhalb ihres Steißbeins und der gerundete Anstieg hinauf zu ihrem Po, den die ingeniöse Natur einem jungen Apfel nachempfunden haben musste. Große Maler oder Bildhauer wären entzückt von einem derart perfekten Modell weiblicher Anatomie. Niemals, das war in den Tiefen von Leos Seele eingegraben, würde er Emilia nicht mehr begehren, auch wenn er sie hasste für das, was sie ihm angetan hatte. Und dieser Kuss, dieser Kuss, den sie ihm gegeben hatte, überraschend und von überbordender Zärtlichkeit, zitternd von glutvollem Verlangen wie gleichzeitig auch von verständlichem Zweifel. Mit welchen Gedanken auch immer er sich abzulenken versuchte, er konnte diesen Kuss nicht vergessen.

Dachte er dagegen an Yvonne, dann zuallererst an ihren betörenden Liebreiz. Sie nahm jedermann durch ihre natürliche Anmut und ihre Herzenswärme für sich ein, sie war anschmiegsam als Geliebte, für seine Kinder die ideale Mutter und loyal und aufrichtig in ihrer Gesinnung. Für sie würde er bedenkenlos und ohne zu zögern die Hand ins Feuer legen, dass sie ihn nicht einmal auch nur in Gedanken betrogen hatte, denn all ihr Denken, all ihre Liebe kreisten einzig um ihn allein. Sie weckte die guten Seiten in ihm: seine selbstlose männliche Stärke, seine Zärtlichkeit und sein Verantwortungsgefühl. Yvonne war nicht gesegnet mit Emilias atemberaubender Physis, die Männern keine Wahl ließ als auf der Stelle an schmutzigen Sex zu denken, aber Leo liebte sie innig und war in der Ehe mit ihr sehr glücklich gewesen.

Anders als sie hatte Emilia ihn durch ihr maßloses Selbstbewusstsein ständig herausgefordert. Mit ihr hatte er sich unentwegt getrieben, wie unter Strom und unter manischem Zugzwang gefühlt, ihr seine Überlegenheit unter Beweis zu stellen. Sie konnte ihn bis zur Weißglut reizen, dass er oft genug kein anderes Ventil sah, als ihr in aller Deutlichkeit die Grenzen aufzustecken. Bei dem Aufeinanderprallen zweier solcher ausgeprägter Alphatiere waren seine Gewaltausbrüche kaum verwunderlich vorprogrammiert.

Es hatte nun einmal zwei Frauen in seinem Leben gegeben, beide das komplette Gegenteil der jeweils anderen und beide dazu gemacht, die unterschiedlichen Facetten seiner Persönlichkeit zum Schillern zu bringen. Er bereute nichts, auch nicht dass er für seine derberen Bedürfnisse regelmäßig zum Straßenstrich gefahren war, sich dort eine der Nutten ins Auto geholt, mit ihr einen abgelegenen Ort aufgesucht und sie für fünfzig Euro gnadenlos durchgevögelt hatte. Niemand konnte verlangen, dass er auf seinen beruflichen Touren, die ihn oft genug für mehrere Tage am Stück von einem seiner beiden Zuhause entfernten, wie ein Mönch lebte.

Das alles schien so lange her zu sein. Über viele Stunden hinweg hatte er steinharte Erektionen an jedem Tag. Leo masturbierte oft, obwohl er wusste, dass Emilia ihn dabei beobachten konnte. Zuerst hatte er es unter der Bettdecke getan, die Schlafbrille über den Augen, um sich der Illusion hinzugeben, unbeobachtet zu sein. Dann, nachdem seine Frau eines Tages unverfroren im Bunker mit ihrem Liebhaber Sex vor seinen Augen hatte, revanchierte sich Leo. Er lag nackt auf dem Bett und onanierte für Emilia. Manchmal tat er es sechs oder sieben Mal am Tag. Er war sicher, sie sah ihm dabei zu, vielleicht nicht immer, aber oft. Das Ejakulat rieb er in die Bettwäsche ein, und er träumte davon, nein: er wusste, dass sie, wenn sie sein Bett frisch bezog, die nächste Nacht in seiner schmutzigen Bettwäsche schlief, die hart war von getrocknetem Sperma.

Eine weitere seiner Lieblingsfantasien kreiste um die ausgeklügelten, wahrhaft exquisiten Grausamkeiten, mit denen er Emilia zu foltern gedachte, sobald er ein freier Mann war. Im Bunker hatte Leo jede Muße der Welt, um erfinderisch zu sein. Und er würde Rache üben, das schwor er sich an jedem Tag in den vier Wänden seines Verlieses, Rache, die jedes Menschen Vorstellung übersteigen würde. Sie sollte leiden, wie nie zuvor ein Mensch gelitten hatte.

Mit überbordendem Erfindungsreichtum spann er genüsslich Fäden, wie er sie bis zu den Waden in einen Teich mit Piranhas hing, worauf die Fische ihr das Fleisch bis auf die Knochen abnagten. Erst dann würde er sie herausziehen, unterhalb der Knie zwei Knochenstümpfe, die aussahen wie Holzknüppel oder Beinprothesen. Gleichermaßen erregend fand er die Idee, ihre sämtlichen Körperöffnungen mit Sekundenkleber zu verschließen, nachdem er zuvor in Salzsäure getränkte Chilischoten hineingestopft hatte. Oder er würde Emilia, Arme und Beine weit gespreizt an Bettpfosten gebunden, in einem Flüchtlingsheim allen männlichen Bewohnern zwischen sechzehn und sechzig Jahren zur Verfügung stellen. Hunderte solcher perversen Tableaus, in welchen er ihr unsägliche Qualen zufügte, gingen ihm wieder und wieder durch den Kopf und verkürzten ihm die Wartezeit bis zu dem Tag, an dem sich sein demütigendes Schicksal endlich zum Guten wendete und er alle diese Bilder in die Tat umsetzen würde.

Ich drehe durch, ich werde allmählich verrückt hier in der klaustrophobischen Enge dieses Verlieses, dachte Leo oft, aber er wehrte sich auch nicht gegen die anbrandenden

Fantasien, die alle nur Projektionen seines ungebrochenen Dranges nach Freiheit widerspiegelten.

10 Geschwister Junghain

Ihre Eigentumswohnung am Gereonswall befand sich im ersten Stock eines drei Etagen umfassenden Hauses mit ebenso vielen Apartments. Das Viertel am Eigelstein im Herzen von Köln pulsierte Tag und Nacht, vor allem in der Nähe vom Ring, einer der innerstädtischen Hauptverkehrsadern. Es war voll überbordender urbaner Elektrizität, galt jedoch gleichzeitig aufgrund seiner sozialen Struktur auch als ein potentieller Brennpunkt. Hier am Gereonswall war es trotz der zentralen Lage eher ruhig. Die Straße bestach kaum durch spektakuläre Architektur oder eine den Eindruck von Düsternis auflockernde Bepflanzung, aber Yvonnes Wohnung war hell mit hohen Fenstern und wohl konzipiertem Schnitt. Allein wenn sie Vergleiche zog mit ihrem ehemaligen Haus in der Gertrudisstraße, dann hatte sie dort geradezu wie im Paradies gewohnt.

Über ihr war eine vom Eigentümer meist an Montagearbeiter vermietete Dachwohnung mit abgeschrägten Decken, die wegen der Pandemie zurzeit unbewohnt war. In vielen Branchen ruhte die Arbeit, und dank dieses ungewissen Ausnahmezustands brachen dann, so auch hier, auf kaum vorherbare Zeit die Mieteinnahmen weg.

In der Wohnung im Parterre, die als einzige einen Zugang zum winzigen, rings von Häuserwänden eingeschlossenen Garten besaß, wohnte ein Geschwisterpaar mit Namen Ruben und Amanda Junghain. Yvonne wünschte sie an jedem Tag seit ihrem Einzug auf den Mond, denn sie benahmen sich wie asoziale Proleten und machten ihr das Leben zur Hölle. Wenn sie die Zustände in diesem Haus gekannt hätte, wäre sie hier niemals eingezogen. Jetzt war es zu spät, sie hatte die Wohnung gekauft, und es überforderte sie, zumal in der grassierenden Pandemie, wiederum für teures Geld einen Makler zu engagieren und einen weiteren Ortswechsel vorzunehmen.

Die Geschwister stammten aus hochprekären Familienverhältnissen. Ihre Mutter war eine manisch-depressive Kettenraucherin, ein plumpes Wesen und Ausbund an Hässlichkeit, die jedermann ungefragt erzählte, sie wäre nach dem Scheitern ihrer Ehe zur Lesbierin konvertiert. Ihr geschiedener Mann betrieb als Franchisenehmer in Bahnhofsnähe einen schmuddeligen Burgerladen, in welchem seine Tochter Mandy gelegentlich als Aushilfe arbeitete, während ihr Bruder Ruben es vorzog, auf der faulen Haut zu liegen. Immerhin warf der Imbiss anscheinend genug ab, dass der Vater den Geschwistern Junghain die Eigentumswohnung am Gereonswall finanzieren konnte.

Mandy Junghain, von Yvonne wegen ihrer Aushilfstätigkeit mit dem Spitznamen *Burger Queen* bedacht, hatte einen Sohn im Alter von Yannick, dessen Vater vermutlich auf der Stelle die Flucht ergriffen hatte, als er von ihrer Schwangerschaft erfuhr. Marlon, so hieß diese Ausgeburt der Hölle, schien auf der Welt zu sein zu dem einzigen Zweck, ununterbrochen ein wahrhaft ohrenbetäubendes Geschrei abzusondern, was Mutter und Onkel für normal ansahen, denn sie unternahmen nicht die geringsten Anstalten, das verhaltensgestörte Balg zu rügen. Der unerträgliche Lärmpegel schwoll noch an, wenn der in höchstem Maße cholerische Ruben seine Schwester auf übelste Weise anschnauzte, worauf sie ihm nichts schuldig bleiben wollte und mit gleicher Münze zurückzahlte. Dieses Gekeife und Geschrei spielte sich auf einem Niveau ab, welches in Yvonne Übelkeit verursacht. Sie raufte sich die Haare, unfreiwillig Zeugin solcher Szenen zu werden, die im Haushalt unter ihr zum Alltag gehörten.

Oft drangen, wenn sie das Treppenhaus betrat, aus der Parterrewohnung dichte Schwaden von Marihuana, und als wäre das der Geruchsbelästigung nicht genug, hatten die Geschwister die unangenehme Gewohnheit, in dem winzigen Garten von März bis Oktober fortwährend den Holzkohlengrill anzuwerfen, worauf der beißend toxische Rauch durch alle Fensterritzen zog und ihre Wohnung verpestete. Annalena hatte seit einiger Zeit Probleme mit Asthma, und Yvonne hegte den Verdacht, dieser ätzende Qualm war ein Grund dafür. Sie verfluchte die Mitbewohner nicht nur für ihre Essgewohnheiten.

Ein weiteres Ärgernis neben dem permanenten Lärm und Gestank stellte auch die hausinterne Müllentsorgung dar. In einem Verschlag zwischen Treppenhaus und Garten befanden sich zur Benutzung durch alle Hausbewohner drei Container auf Rollen, ein grüner für Biomüll, ein leuchtend gelber für Verpackungen und ein grauer für Restmüll. Die Geschwister Junghain scherten sich bei der Befüllung der Tonnen keinen Deut um Mülltrennung, sie warfen reihum ihren gesamten Müll jeweils in den Container, welcher gerade am nächsten stand. Mehrfach hatten Beamte des Ordnungsamtes bei Yvonne vorgesprochen und mit der Androhung von Bußgeld eine korrekte Mülltrennung angemahnt. Empört hatte sie die Beamten an die Geschwister Junghain verwiesen, die für solches Fehlverhalten allein verantwortlich seien.

Erst in der vorigen Woche hatte eine blaulivrierte Beamtin, ein schwergewichtiger Koloss von einhundert Kilo, deren pure Erscheinung bereits Respekt einflößte, noch bevor sie ein Wort gesagt hatte, an der Wohnungstür der Geschwister geklingelt. Niemand machte Anstalten zu öffnen, obwohl der übliche Lärm aus der Wohnung drang und ihre Anwesenheit bezeugte. Nach wiederholt langem und beharrlichem Klingeln schließlich kam Ruben Junghain entrückt grinsend an die Tür geschlurft. Bekleidet war er mit einem zerfetzten Feinrippunterhemd und einer schmuddeligen Jogginghose. Seine an einen Seeelefanten erinnernden Fettmassen quollen einem Tsunami gleich über den Gummizug der mit Fett bespritzten Beinkleider. In der Wohnung lief überlaute Reggaemusik. Ruben stierte die Beamtin an wie ein Wesen aus einer fernen Galaxie. Als sie ihm ohne große Einleitung die Mängel bei der Mülltrennung vorhielt und ihm einen Bußgeldbescheid in die Hand drückte, riss Ruben den Brief in einem seiner cholerischen Anfälle entzwei, packte mit der Rechten ihre Kehle und schrie sie mit von Marihuana geschwängertem Atem an:

- Du Fotze verpisst dich jetzt auf der Stelle hier, sonst dreh‘ ich dir deinen verfickten Hals um!

Die Beamtin, abgehärtet durch tägliche Begegnungen mit ähnlich gearteter Klientel im hiesigen Viertel, zeigte sich kaum beeindruckt und fackelte ihrerseits nicht lange. Sie holte mit dem Knie aus und verpasste dem sich wie von Sinnen gebärdenden Ruben einen Tritt in die Weichteile, dass er mit schmerzverzerrtem Gesicht von ihr abließ.

- Ich zeig‘ dich an, du Hure, heulte er laut auf.

Ungerührt holte sie ihr Mobiltelefon aus einem Lederfutteral am Gürtel und wählte die Nummer des nächsten Polizeireviers.

- Das können Sie gleich tun, zwei Polizeibeamte sind auf dem Weg hierher, beschied sie ihm nach einem kurzen Telefonat.

Bei der anschließenden Vernehmung Ruben Junghains auf dem Revier, zu welcher ihn die Polizisten mit zuvor angelegten Handschellen transportierten, erstattete die Ordnungsbeamtin Anzeige wegen Körperverletzung. Obendrein erwartete ihn ein Verfahren wegen Drogenbesitz, denn als die Beamten den aus der Wohnung dringenden Nebelschwaden nachgingen, fanden sie ein halbes Kilo Marihuana auf dem Wohnzimmertisch. Als zu guter Letzt noch als Auslöser der Handgreiflichkeit der zerrissene Bußgeldbescheid Erwähnung fand und nebenbei zur Sprache kam, dass Yvonne jede Schuld an der beanstandeten Mülltrennung von sich gewiesen und sich geweigert hatte, für dieses von ihrer Mitbewohnern verschuldete Vergehen Bußgeld zu bezahlen, pöbelte Ruben lauthals durch das Polizeibüro, er würde es der Scheißdenunziantin heimzahlen.

Bei der nächsten Begegnung mit Yvonne im Treppenhaus setzte er diesen unrühmlichen Vorsatz sogleich in die Tat um. Er lauerte ihr auf, als sie, die Kinder im Schlepptau, von einem Spaziergang am Rheinufer heim kam. Die Spielplätze waren aufgrund der Pandemie geschlossen, und um Yannick und Annalena in der häuslichen Quarantäne ein wenig Zerstreuung zu bieten, hatte sie die beiden an diesem Tag an die frische Luft verfrachtet. Yvonne schaute kurz in den Briefkasten nach Post, da trat er aus seiner Wohnung und baute sich bedrohlich vor ihr auf. Eine Gesichtsmaske trug er nicht. Für ihr Empfinden war er entschieden zu nah. Die Idee, von ihm und seinen Speicheltröpfchen möglicherweise mit dem Virus infiziert zu werden, ließ sie schaudern. Seine Erscheinung löste nichts als Brechreiz in ihr aus. Annalena fürchtete sich. Sie fing an zu schluchzen. Yannick griff nach ihrer Hand und stand unerschrocken neben ihr.

- Du Schlampe erzählst also allen, wir sind der letzte Dreck, blaffte Ruben sie an.

Yvonne glaubte ihren Ohren nicht zu trauen.

- Wären Sie wohl in Gegenwart der Kinder so nett, sich in Ihrer Ausdrucksweise zu mäßigen, antwortete sie mit fester Stimme.

Im Rahmen der offenen Wohnungstür erschien seine Schwester Mandy, eine brennende Zigarette im Mundwinkel. Ihre feisten Oberschenkel sprengten beinahe die kurzen Hosen, die sie zu einem bauchfreien Oberteil trug. Yvonne vermochte kaum zu sagen, wer von den Geschwistern mehr Fettgewebe mit sich herumschleppte. Bei ihrem kurzen Blick sah sie von Ekel gepackt die fortgeschrittene Cellulite in den zerfurchten Schenkeln Mandys. Ihrer Kenntnis nach war sie eben sechsundzwanzig Jahre alt. Und ihre überquellenden Fettmassen waren ebenso wie die ihres Bruders über und über bedeckt mit billigen Tätowierungen.

- Bist du etwa scharf auf die alte Tussi? höhnte die Schwester schallend.
- Red‘ kein‘ Scheiß, Alte, sonst kriegst du auch aufs Maul, schnauzte Ruben sie an.
- Sie geben jetzt sofort den Weg frei, Sie sehen doch, dass Sie den Kindern Angst machen, sagte Yvonne.
- Und was wenn nicht? brüllte Ruben laut.
- Dann rufe ich die Polizei. Wie ich höre, ist das für Sie doch ein vertrautes Szenario, wandte Yvonne eiskalt ein.

Ihre scheinbar souveräne Ruhe war nur vorgespielt, blieb jedoch nicht gänzlich ohne Wirkung auf ihn. Er ging zwei Schritte zur Seite, dass sie und die Kinder vorbeigehen konnten.

- Wenn du nochmal so Lügen über uns verbreitest, knöpf‘ ich mir deine Brut vor, hast du das kapiert? warnte er sie mit heiser gepresster Stimme.
- Sie lassen meine Kinder unbehelligt, andernfalls werde ich mich zu wehren wissen. Und wie wäre es denn, wenn Sie endlich lernen, wie man Müll ordentlich entsorgt? Die Vorwürfe seitens der Behörden gegen Sie sind ja kaum aus der Luft gegriffen, sagte Yvonne noch und stieg mit Yannick und Annalena die Treppe zum ersten Stock hinauf.

Oben musste sie zunächst die Kinder beruhigen, aber sie selbst atmete ebenfalls tief durch, gleichzeitig bemüht, sich vor den beiden nichts anmerken zu lassen. Unwillkürlich dachte sie an Leo und wie er mit diesem Pöbel umgesprungen wäre. Er hätte kurzen Prozess gemacht. Yvonne beschloss, von nun an konsequent gegen alle Zumutungen von Seiten der Geschwister einzuschreiten und sich von ihnen nichts mehr bieten zu lassen. Sie erinnerte sich dunkel, dass unter Leos persönlichen Sachen sich auch eine Gaspistole befunden hatte. Es schien ihr geraten, die Waffe in Zukunft bei sich zu tragen, wann immer sie sich ins Treppenhaus begab. Gleich morgen würde sie danach suchen.

Unter ihr in der Parterrewohnung erhob sich mal wieder lautes Geschrei. Durch den hellhörigen Fußboden drangen einzelne Sätze bis zu ihr.

- Gib doch zu, dass du die Alte ficken willst! keifte Mandy ihren Bruder an.
- Ach, das Fräulein Schwester ist wohl eifersüchtig, höhnte der.
- …hinter allen Fotzen her…
- …hahaha, muss ich ja….du fette Scheißkuh hast….
- Kümmer dich lieber um mich und deinen Sohn, schrie sie aufgebracht, und dann schlug eine Tür knallend zu.

Yvonne war sich nicht sicher bei dem tumben, durch den massiven Fußboden noch gedämpften Getöse. Sie glaubte, Mandy hatte in ihrer Wut deutlich *deinen* Sohn geschrien und nicht *meinen* Sohn. Aber nein, sie musste sich getäuscht haben, Marlon war, soweit sie wusste, ihr Sohn, nicht der ihres Bruders.

11 Eltern

Stets wie im Fluge vergangen waren die Nachmittage, an denen Fabian und sie bei Armin und Tilde Erbach zum Kaffeetrinken eingeladen waren. Seine Eltern, ein wahrhaft reizendes Ehepaar, das jeder auf Anhieb sympathisch fand, hatten Emilia von Beginn an mit großer Herzlichkeit aufgenommen, fast wie die eigene Tochter. Ihr Alter von siebenundsechzig Jahren sah man ihnen beiden nicht an, Fabian war ihr einziges Kind und hatte eine innige Beziehung sowohl zu seinem Vater wie auch zu seiner Mutter.

Die Erbachs wohnten in einem nahezu hochherrschaftlichen Anwesen im Vorort Geroldsau, einer Immobilie, die im letzten Jahrhundert zu einiger Berühmtheit gelangt war, weil dort ein legendärer Ufa-Star mit seiner ebenfalls als Schauspielerin bekannten Frau gelebt hatte. Sie galten als Traumpaar der dreißiger Jahre. Nach dem Tod des hochbetagten Filmstars hatte die Villa einige Jahre leer gestanden, bevor Armin Erbach sie für einen zivilen Preis erworben hatte. Heute betrug ihr Wert ein Vielfaches des ehemaligen Kaufpreises. Eine lange, gewundene Auffahrt führte zum Haupthaus und zu dem im rechten Winkel freistehenden Gästetrakt, die, eingebettet in eine Bodensenke und sie umgebende Zier- und Nutzgärten und begrenzt von hohen Nadelbäumen, eine vor Blicken völlig geschützte Privatsphäre gewährten. Das parkähnliche Anwesen war selbst für die exklusiven Baden-Badener Verhältnisse ein Luxusobjekt ersten Ranges. Wann immer sie dort eingeladen war, fühlte Emilia sich glücklich und geborgen.

Die Pandemie hatte die gemeinsamen Besuche von einem auf den anderen Tag auf Eis gelegt. Laut der aktuell vorliegenden Erkenntnisse der Wissenschaft gehörten beide Elternteile Fabians als über Sechzigjährige zur Gruppe der vorrangig Gefährdeten, und er hatte darauf bestanden, dass seine Eltern sich in häusliche Quarantäne zurückzogen und jeden Kontakt mit der Außenwelt mieden. Da er selbst im Klinikum momentan absolut unabkömmlich und zudem durch seinen täglichen Umgang mit infizierten Patienten ein potentieller Virenüberträger von höchstem Risiko war, hatte er Emilia gebeten, für seine Eltern die notwendigsten Besorgungen zu übernehmen. Sie tat es selbstverständlich gern, telefonierte an jedem zweiten Tag mit Tilda, Fabians Mutter, ließ sich von ihr eine Einkaufsliste durchsagen und lieferte die benötigten Dinge vor der Tür ihres Hauses in Geroldsau ab.

Aus Gründen einer sich selbst nicht erklärbaren Vorsicht mied sie die nahen Geschäfte im Stadtzentrum und fuhr stattdessen zum entfernteren Einkaufszentrum in Baden-Oos, das zwei gigantischen Ufos gleich direkt neben dem Autobahn-Zubringer lag. Die Innenstadt von Baden-Baden war verwaist, und nur eine Handvoll Menschen trieb sich während der Kontaktsperre in der Fußgängerzone umher, doch das Kaufhaus Wagener mit seinem exquisiten Sortiment an Feinkost, das sie ansonsten für ihre Einkäufe bevorzugte, erschien ihr mit seinem knappen Raum momentan als zu beengt. Das weitläufige Einkaufszentrum in Oos bot mehr Platz, dort konnte sie eher anderen Menschen ausweichen. Ohnehin schaute jeder, der ihr auf der Straße begegnete, sie an wie einen sicheren Infektionsherd. Wütende, scheue oder ängstliche Blicke trafen sie von den vereinzelten Fußgängern, einige wenige von ihnen, aber längst nicht die Mehrzahl, mit Atemschutzmasken und Handschuhen aus Latex oder Zellophan unterwegs. Überall nisteten Argwohn und Verdacht, beschämende Signale dieses auf allen lastenden Drucks.

Emilia fuhr die Rampe des Einkaufszentrums hoch, parkte den Wagen und legte Maske und Handschuhe an. Dann ging sie über das steile Laufband hinunter ins Parterre. Sämtliche Läden, Gastronomie und auch Bekleidungsgeschäfte, waren wegen des Shutdowns geschlossen, allein der Supermarkt am anderen Ende lockte mit offenen Pforten. Die riesige Passage war ausgestorben, weiter vorn ging eine einzelne Frau, ansonsten sah sie niemanden. In der fast sakralen Stille hallten ihre Schritte auf dem sandfarbenen Marmorboden. Eine gespenstische Szenerie, dachte sie, wie in einem *Science-fiction*-Film, die Menschheit ist ausgerottet, nur eine Handvoll Überlebender.

Ein Mitarbeiter des Supermarktes schob ihr am Eingang einen Einkaufswagen zu, dessen Griff er zuvor mit einem Lappen und einer Flüssigkeit aus einer Sprühflasche desinfizierte. Emilia lächelte ihn dankbar an und wusste im gleichen Moment, unter ihrer Atemschutzmaske sah er es nicht. Vor der Lichtschranke, welche die Absperrung öffnete und die Kunden einließ, stand eine A-Tafel und wies darauf hin, dass wegen des vorgeschriebenen Mindestabstands von zwei Metern im gesamten Areal die Pflicht bestand, sich eines Einkaufswagens zu bedienen.

Vor ihr entfaltete sich der Gourmettempel mit seinen endlosen Regalen und Bedientheken. Das Angebot überwältigte sie so, dass es ihr Mühe bereitete, sich auf den Einkaufszettel von Fabians Mutter zu konzentrieren. Ringsum lockte die überbordende Fülle der Delikatessen. Ohnehin wollte Emilia, wenn sie schon einmal hier war, auch gleich für den eigenen Bedarf Sorge tragen. In dieser kuriosen Zeit machte es Sinn, sich so wenig wie möglich unter Menschen zu begeben.

Sie legte zunächst die Einkäufe für die Erbachs in den Wagen, bevor sie zum Eingang zurückkehrte und dann, genussvoll hier und da verharrend, zum zweiten Mal den Markt abging. Als sie nach einer knappen Stunde endlich in Richtung Kasse ging, hatte sie den Einkaufswagen turmhoch beladen. Zum Schluss kaufte sie noch zwei Flaschen Traminer aus der Ortenau, einer, wie sie fand, viel zu selten angebauten Rebsorte, deren wundervoll reiches Bukett und Aromen sie an Rosen erinnerten. Eine Flasche würde sie Fabians Eltern schenken, die andere heute Abend mit Leo im Bunker trinken.

Vor und neben dem Kassenband waren mit gelb-schwarzen Klebestreifen Abstandsmarkierungen auf dem Fussboden angebracht. Die Kassiererin saß abgeschottet hinter einer transparenten Trennwand, in die lediglich eine kleine Öffnung für die Bezahlung eingelassen war. Ein daneben aufgestelltes Schild empfahl, bargeldlos zu bezahlen.

Emilia wartete, bis die Kundin vor ihr die Einkäufe auf das Band gelegt hatte, bevor sie selbst ihre Sachen aufpackte. Hinter ihr stellte sich eine dicke Frau an, deren Atemschutzmaske verrutscht war und die ununterbrochen ein asthmatisches Hecheln ausstieß. Zudem zeigte sie ein überaus hektisches Gebaren und konnte es kaum abwarten, ihre Einkäufe aus dem Wagen auf das Kassenband zu legen. Um besseren Zugriff zu bekommen, ging sie um den Einkaufswagen herum und rammte dabei achtlos Emilia ihre Handtasche in die Seite.

- Ich muss doch sehr bitten! wies Emilia die Frau laut zurecht.
- Was ist los? fragte die erstaunt und glotzte Emilia verständnislos an.
- Es scheint Sie zu überfordern, den vorgeschriebenen Mindestabstand von zwei Metern einzuhalten. Zur Orientierung ist die Länge eines Einkaufswagens gedacht, und ferner sind hier Markierungen auf dem Boden. Dieselben gelten auch für eine offenbar so strunzdumme Person wie Sie. Ich lege absolut keinen Wert auf Ihre Nähe, also halten Sie gefälligst Abstand! herrschte Emilia die Frau an.

Der rigorose Tonfall blieb nicht ohne Erfolg. Die Frau murmelte etwas Unverständliches in ihre Maske und verkroch sich hinter ihren Einkaufswagen. Emilia ärgerte sich maßlos über solche Rücksichtslosigkeit, aber vermutlich war es eher Unachtsamkeit als Absicht. Immer noch wütend belud sie auf dem Parkdeck ihr Auto und fuhr zurück.

In Geroldsau stellte sie die von Tilda Erbach bestellten Sachen in einer Faltkiste vor die Haustür und drückte den

Klingelknopf. Dann zog sie sich einige Meter zurück und wartete. Ein im Gefolge der Pandemie aufgekommener Begriff benannte ihr Verhalten als *social distancing*. Emilia kam sich lächerlich vor, aber sie wusste auch, dass eine generelle Vorsicht durchaus nicht unangebracht war. Fabians Eltern kamen beide an die Tür, sie trugen Atemschutzmasken und Handschuhe.

- Emilia, meine Liebe, das ist wirklich so nett von dir, danke vielmals, rief Tilda.
- Aber das ist doch selbstverständlich, das mache ich gern für euch, antwortete Emilia.
- Ich überweise deine Auslagen gleich online, rief Armin Erbach und nahm die Kiste auf.
- Das eilt nicht, lachte Emilia. Auch sie trug eine Gesichtsmaske, aber zumindest war ihre Fröhlichkeit nicht zu überhören.
- Pass auf dich auf, hörst du! sagte Fabians Mutter zum Abschied und winkte ihr zu.
- Und ihr auf euch! antwortete Emilia und stieg in den Wagen.

Unwillkürlich dachte sie zurück an ihre eigenen Eltern, die viel zu früh und unter so grausamen Umständen von ihr gegangen waren. Beider Leichnam, den von ihrem Vater und den von ihrer Mutter, hatte Emilia gefunden, und noch heute hingen ihr diese entsetzlichen Erlebnisse an wie ein nie zu tilgender Fluch. Sie war dreizehn Jahre alt gewesen, als Eduard Horn und sie von einer Wanderung im nahen Schwarzwald zurückkehrten. Der Vater hatte sie mitgenommen auf eine seiner Lieblingsrouten, die vom Kurhaus Sand auf der Hochstraße über das Naturfreundehaus bis zum eintausendundzwei Meter hohen Gipfel der Badener Höhe führte, wo sie den Aussichtsturm erkletterten und den weiten Blick bis hinunter ins Rheintal und zu den Vogesen bewunderten. Dann begann der steile Abstieg zu dem mitten im Wald idyllisch gelegenen, von hohen Nadelbäumen umgebenen Herrenwieser See, in dessen stilldunklen Fluten sich der Wald und der Himmel spiegelten. Unterwegs auf dem Höhenweg lauschten sie dem Kollern eines Auerhahns, sahen einen grauweiß gesprenkelten Tannenhäher in den Bäumen verschwinden und einen meterhohen Ameisenhaufen am Stamm einer Kiefer, und schließlich zeigte ihr der Vater eine dunkel gezeichnete, fast schwarze Kreuzotter, die sich auf einem Kahlschlag nicht weit vom Wanderpfad sonnte. Emilia war fasziniert. Sie verspürte keine Angst, denn der Vater erklärte ihr leise, dass man langsam vorüberschreiten musste, um jeglichen Eindruck einer Gefahr für das giftige Reptil zu vermeiden und es nicht zum Angriff zu verleiten.

In Herrenwies dann rasteten sie nicht weit von der Dorfkirche im Café Waldesruh, wo sie Schwarzwälder Kirschtorte aßen. Dann gingen sie die letzte Etappe durch den kleinen Ort Herrenwies, parallel zur Bundesstraße quer durch den Wald und über die breite Schneise des Mehliskopfes, wo neuerdings ein außerhalb des Winters nicht betriebener Skilift und eine Sommerrodelbahn den Berg entstellten, bis hin zum Wagen, der vor dem lange schon geschlossenen Kurhaus Sand parkte. Der Vater war stolz, dass seine Tochter die weite und für ein Kind strapaziöse Tour bravourös gemeistert hatte.

Als sie in der Villa ankamen, rief Emilia laut nach der Mutter, um ihr atemlos von ihrer Wanderung zu berichten, doch sie wartete vergebens auf Antwort. Sie schaute in allen Zimmer nach und fand sie im Bad. Die Mutter lag in der Badewanne, in einem See aus Blut. Während ihrer Abwesenheit hatte sich Margarete Horn, die an schweren Schüben von Depression litt, die Pulsadern aufgeschnitten. Bei ihrer Rückkehr hatte sie noch gelebt, doch der vom Vater sofort verständigte Notarztwagen kam zu spät. Zu groß war der Blutverlust gewesen. Sie starb auf dem Weg ins Klinikum Hohenbaden.

Emilia hatte die Mutter oftmals sehr traurig erlebt und in ihrer kindlichen Naivität sich selbst die Schuld daran gegeben. Damals glaubte sie sich von ihr nicht geliebt. Erst viel später, in ihrer Ausbildung zur Krankenschwester, hatte sie sich mit dem Krankheitsbild von Depressionen auseinandergesetzt und begonnen, die Verantwortung für den Selbstmord der Mutter nicht länger bei sich zu suchen, sondern in deren seelischer Verfassung. Dennoch blieb dieser schwarze Fleck unauslöschlich bestehen, verdunkelte ihre Erinnerung und ließ in ihr den unumstößlichen Vorsatz reifen, niemals eigene Kinder zu haben.

Der Vater dagegen war zehn Jahre nach der Mutter verstorben. Die Sinne schwanden ihm während eines seiner erotischen Rendezvous, er hing von den Ketten gehalten im Bunker, die Füße kraftlos über den Boden baumelnd. Die an der anrüchigen Orgie beteiligten Damen des Gewerbes hatten sich Hals über Kopf aus dem Staub gemacht, als aus Eduard Horns porösen Gefäßen nun zum zweiten Mal das

Blut in sein Gewebe drang und seinen Körper aufschwemmte. Röchelnd und bei schwindendem Bewusstsein hatte ihn Emilia bei ihrer Rückkehr aus dem Klinikum so vorgefunden. Sie hatte auf der Stelle die Fesseln gelöst und die Kollegen der Ambulanz angerufen, die ihn mit Blaulicht und Sirene zunächst ins Krankenhaus brachten und von da wie schon beim ersten Mal mit dem Helikopter in die Universitätsklinik Heidelberg, doch ihr Vater hatte bei den dortigen Ärzten eine Erklärung unterzeichnet, dass er im Fall eines Rezidivs keine lebenserhaltenden Maßnahmen mehr wünsche und allein friedlich und ohne Schmerzen einschlafen wollte.

Beide Ereignisse suchten Emilia auch heute noch immer wieder heim, in einem kaum zu entwirrenden Aufruhr der Gefühle von Verzweiflung, Schuld, Ekel und kindlicher Liebe. Viel zu früh war sie Waise geworden, und sie vermisste die Eltern schmerzlich, gerade jetzt, wo Fabian ihr keine große Hilfe war, die Kasernierung Leos ihre geballte Kraft einforderte und obendrein die bundesweit verhängte Kontaktsperre jegliche Aktivitäten einschränkte. Einsamkeit ist das Wort, dachte sie, es ist die Einsamkeit, die mich lähmt. Diese Pandemie zeigte ihr auf unnachgiebige Weise, dass sie allein stand in der Welt, mutterseelenallein.

12 Scharaden

Manchmal fühlte er sich wie ein Astronaut, schwerelos und ganz allein auf sich gestellt in dem von Stille berstenden Raum. Hier unten in der Enklave seines Kerkers erschien die Außenwelt als eine irreale Fiktion. Emilia versorgte ihn, um ihn über das Weltgeschehen auf dem Laufenden zu halten, regelmäßig mit Tageszeitungen, entweder den *Neuesten Nachrichten* oder dem *Tageblatt*, und beide Blätter kannten seit Wochen nur ein einziges Thema: die Pandemie. Leo konnte nur den Kopf schütteln über die neuerdings verhängte Ausgangssperre und das allgemeine Kontaktverbot, diese per Gesetz für jedermann angeordneten Maßnahmen, die ihm seit nicht weniger als fünf Jahren schon von seiner Frau aufgezwungen worden waren. Es war geradezu lachhaft und erfüllte ihn mit einer heimlichen Schadenfreude, dass plötzlich weite Teile des gesamten Landes eben dieselbe unheimliche Erfahrung machen mussten.

Im Bunker war er mit absoluter Sicherheit nicht der geringsten Gefahr einer Ansteckung ausgesetzt. Zum ersten Mal in seiner Gefangenschaft amüsierte ihn die Situation beinahe. Aber die ununterbrochene Berichterstattung in den Medien, die im Grunde genommen nichts Fundiertes aussagte, sondern allenfalls Halbwissen, Vermutungen und die weitschweifenden Einschätzungen selbstdeklarierter Experten verbreitete, schürte durchaus eine leichte Panik auch in ihm, dem gänzlich Isolierten, und er fragte sich, wie es da erst den Menschen ergehen mochte, die anders als er in den letzten fünf Jahren bisher ein geregeltes Leben geführt hatten. Dennoch hätte er, vor die Alternative gestellt, sofort sein Verlies aufgegeben und die Freiheit gewählt, auch angesichts des Risikos sich draußen mit einem in seinen Folgen unwägbaren Virus zu infizieren.

Immer wieder hatte er Emilia zur Aufgabe zu überreden versucht. Das Gespräch mit ihr blieb, wollte er sich nicht ganz ohne Widerspruch in sein Schicksal fügen, die einzige Möglichkeit, doch noch ein Ende der Gefangenschaft herbeizuführen. Er sann Tag und Nacht, welche ihr einleuchtenden Gründe er dafür vorbringen könnte, dass seines Verbleibens in diesem Verlies unmöglich länger sein konnte. Er raspelte Süßholz, er beschimpfte und bedrohte sie, er argumentierte und analysierte auf jede erdenkliche Weise die für sie beide doch verfahrene Lage, er malte ihre Zukunft in schillernden Farben aus, gemeinsam und alternativ, falls sie es wünschte, auch allein, er spielte gekonnt auf der Klaviatur ihrer Emotionen und blieb doch ohne den ersehnten Erfolg. Er schwor tausend Eide, er würde auf jegliche Vergeltungsmaßnahmen seinerseits verzichten, er würde sie weder physisch angehen noch juristische Schritte wegen seiner Freiheitsberaubung einleiten, doch Emilia blieb immer hart. Sie wollte ihn demütigen, und sie genoss seine Machtlosigkeit.

Mit der Zeit hatte sich zwischen ihnen ein Ritual eingespielt, bei dem sie ihm das Essen brachte und ihm während seiner Mahlzeiten Gesellschaft leistete, um im Anschluss daran noch eine Weile zu reden. In der Eintönigkeit seiner

Klausur waren das die bei weitem kurzweiligsten Momente. Immer schwelte ihre fast greifbare Sinnlichkeit wie ein Fluidum durch den Bunker, und auch wenn sie einander nicht berührten, spürte Leo in ihrer Gegenwart, wie das Blut in seinen Adern schneller zu kreisen schien. Er mochte es sich nicht eingestehen, aber es war pure Magie, mit der Emilia ihn nach all den Jahren immer noch gefangen nahm. In manchen Momenten ertappte er sich dabei, wie der Hass auf sie in seinem Herzen schwand und einer fast zärtlichen Liebe Platz machte. Doch wie auch immer seine komplizierten Gefühle für sie beschaffen sein mochten, eines konnte er nicht leugnen: dass er seine Frau bewunderte in ihrer unbeugsamen Entschlossenheit, ihrer Kraft und ihrer Kompromisslosigkeit.

Vor etwas mehr als zwei Stunden hatte sie ihm durch die Gegensprechanlage angekündigt, sie wollte einige Einkäufe erledigen, und er hatte scherzhaft geantwortet, sie möge nicht zu lange fortbleiben, weil er sie sonst vermissen würde.

- Und bringe deinem Schatz etwas Schönes mit, hatte er noch gerufen, aber er war nicht sicher, ob sie das noch gehört hatte.

Er wartete und schaute ungeduldig immer wieder auf die Uhr. Vermutlich erledigte sie noch Besorgungen für die Eltern von ihrem verfickten Bräutigam, den die Hölle verschlingen sollte. Emilia hatte erwähnt, dass Fabian sie darum gebeten hatte, da er die alten Leute keiner Gefährdung aussetzen wollte. Er selbst war eine ganze Weile schon nicht hier aufgetaucht, vermutlich weil er im Klinikum unter

Hochdruck gegen die Pandemie ankämpfte. Leo kannte seine Frau zu gut. Sie konnte es nicht lange ohne Sex aushalten, sie war eine dauergeile Schlampe, und genau das hatte er immer an ihr geliebt. Vielleicht würde sie bei einer weiter andauernden Abwesenheit Fabians doch noch eine Wiederannäherung an ihren seit fünf Jahren sträflich vernachlässigten Ehegemahl erwägen. Er beschloss, bei Emilias Rückkehr alle Weichen nur auf dieses eine Ziel hin zu stellen. Vielleicht führte ja darüber der Weg zurück in die Freiheit. Und hätte er sie erst endlich wieder einmal nach allen Regeln der Kunst durchgevögelt, und sie löste ihm, überwältigt von seinen unübertroffenen Fähigkeiten als Liebhaber, die Fesseln, dann würde er ihr es so richtig heimzahlen und eine Rache an ihr nehmen, welche die Welt in dieser Form noch nicht gesehen hatte.

Als sie zurückkam, war sie leutselig und sprudelte von guter Laune. Über die Gegensprechanlage hieß sie ihn Aufstellung nehmen und betrat dann den Bunker.

- Hier bin ich wieder, rief sie fröhlich.
- Du warst viel zu lange weg. Ich warte schon sehnsüchtig auf dich, antwortete er mit Hundeblick und einem demonstrativen Schmollmund.
- Ich habe uns eine Flasche Traminer mitgebracht, den magst du doch so gern, sagte Emilia.
- Heißt das, wir trinken ihn gemeinsam? wollte Leo wissen.

Sein unter den schnell gesenkten Wimpern lauernder Blick blieb ihr nicht verborgen. Er konnte es nicht lassen.

Immer wieder änderte er seine Taktik, versuchte alle denkbaren Tricks, nur um sie davon zu überzeugen, ihn freizulassen. Emilia war gespannt, was er heute vorbringen würde.

- Wir könnten auch gemeinsam essen, wenn du willst. Du an deinem Tisch, ich hinten an meinem, schlug sie vor.
- Ein wunderbarer Gedanke. Das haben wir noch nie gemacht, seit…seit…, suchte er erstaunt nach Worten.
- Ich war im Supermarkt vom Einkaufszentrum. Sie hatten frische Rotgarnelen. Wie wär's damit? Dazu Friséesalat und Baguette und danach einen Saint Agur mit frischen Feigen? schlug Emilia vor.
- Klingt fantastisch. Aber am besten ist dein Vorschlag, gemeinsam zu speisen, wie in alten Zeiten, lächelte Leo und schaute ihr tief in die Augen.

Natürlich durchschaute sie seine raffinierten Spielchen auf der Stelle. Sie kannte ihn einfach zu gut, um sich von ihm täuschen zu lassen. Heute kam also wieder einmal die Charmeattacke des vermeintlich Unwiderstehlichen, dachte sie. Es sah nach einem vergnüglichen Abend aus, vorausgesetzt die Stimmung kippte nicht, wie typisch bei ihm, urplötzlich ins Gegenteil. Sobald er merkte, dass er mit seiner Strategie bei ihr auf Granit biss, konnte sein ganzer Charme von einem auf den anderen Moment in hasserfüllte Aggression umschlagen. Sie würde ihn ein wenig an der Nase herumführen, ihn elegant in der Schwebe lassen, um von vornherein eventuelle Wutanfälle zu vermeiden.

Eins musste er ihr lassen: Emilia war wirklich eine begnadete Köchin. Sie servierte die Rotgarnelen in Olivenöl, bestreut mit Thymian, Chili, Salz und Pfeffer und garniert mit einem Zitronenschnitz. Den Salat hatte sie mit einer Vinaigrette von Haselnussöl, Himbeeressig und gekörntem Dijonsenf angemacht, und der Käse hatte die perfekte Zimmertemperatur. Leo hob glücklich lächelnd sein Glas:

- Auf die beste Köchin und Ehefrau der Welt!

Am anderen Ende des Bunkers legte Emilia Messer und Gabel beiseite und erhob ebenfalls ihr Glas.

- Das würde ja bedeuten, in meiner Eigenschaft als Ehefrau schlage ich selbst deine Zweitgattin Yvonne aus dem Feld, frotzelte sie und nahm einen Schluck von dem köstlichen Traminer.
- Ach Schatz, fang doch nicht immer wieder davon an, sagte Leo, und seine gehobene Stimmung schien schlagartig eingetrübt.
- Ihren geliebten Gatten der Bigamie zu überführen, ist nun einmal für eine Ehefrau ein anhaltender Schock. Darüber kann ich nicht so einfach hinweggehen, auch nicht nach all den Jahren. Das sitzt zu tief, wandte sie ein, den Blick wie in Betroffenheit gesenkt.
- Ich weiß doch, ich habe Fehler gemacht, aber du bist weiß Gott auch kein Unschuldsengel. Du hast es hinter meinem Rücken die ganze Zeit mit Fabian getrieben.

- Vielleicht wäre das niemals geschehen, wenn du mich nicht fortwährend geprügelt hättest, antwortete sie leise.

Leo schwieg. Er suchte fieberhaft nach einem neuen Ansatz für seine Argumentation. Emilia hatte es wieder einmal geschafft, ihm den Wind aus den Segeln zu nehmen. In logischem Denken war sie ihm einfach überlegen, sie, die höhere Tochter, ihm, dem Waisenhauszögling. Stockend fuhr er fort:

- Ich muss immer wieder an unseren Kuss denken letztens …das war …so …ich… ich war …so …so …ich kann es kaum beschreiben…
- Das ging mir nicht anders, sagte sie und senkte verschämt die Augen.
- Und warum machen wir da nicht weiter? Ich vermisse deine Nähe so sehr, dass es schmerzt. Ich brauche dich, mehr als alles andere auf der Welt, mehr als meine Freiheit, flüsterte er.

Emilia sprang auf. Tränen liefen ihr über die Wangen.

- Hör auf, ich will das nicht hören, schluchzte sie in höchster Verzweiflung.
- Du bist die Frau, die ich liebe und immer lieben werde, rief er pathetisch aus, doch sie reagierte nicht wie erhofft, sondern fast panisch.

Mit einem Gefühl des Triumphes sah Leo mit an, wie sie atemlos aus dem Bunker stürmte und die Tür hinter sich ins Schloss warf. Was er nicht mehr sehen konnte, war, wie sie draußen sogleich gespannt auf den Monitor neben der Tür schaute und dort, wie sie es nicht anders erwartet hatte, sein breites Grinsen der Genugtuung gewahrte, Genugtuung darüber, dass er sie mit seiner Scharade da zu haben glaubte, wo er sie haben wollte.

Im Gegensatz zu seinem stümperhaften Versuch war ihr kleines Täuschungsmanöver rundum geglückt. Was bildete er sich ein! Die Königin der Scharaden, das war sie, und Tränen auf Kommando eine ihrer leichtesten Übungen. Das hatte Emilia schon als kleines Mädchen beherrscht.

Sie lachte lautlos in sich hinein und schaltete den Monitor aus. Ein wirklich überaus vergnüglicher Abend!

13 Übergriff

In der grünen Biomülltonne stapelten sich einmal mehr leere Pizzakartons und Kartoffelchipstüten, wahre Verpackungsberge von Multivitaminsaft, verkohlte Aluminium-Grillschalen, sogar Glasflaschen und noch weitere Hinterlassenschaften, welche die allein auf maximale Verfettung zielende Ernährung der Geschwister Junghain zweifelsfrei dokumentierten. Yvonne spürte Wut in sich aufsteigen. Die nächste Auseinandersetzung mit diesem asozialen Pack stand unweigerlich bevor. War bereits das optische Erscheinungsbild ihrer Mitbewohner nichts als Abscheu erregend, schürten ihre bodenlose Dummheit und Ignoranz auch Yvonnes Aggressionen. Sie würde beim kleinsten Vergehen nicht länger zögern, das Ordnungsamt anzurufen und ab jetzt tatsächlich zur Denunziantin werden, denn sie erachtete die Notwendigkeit als täglich dringender, diesem unmöglichen Verhalten endlich einen Riegel vorzuschieben, auch damit sie selbst am Ende nicht noch dafür haftbar gemacht werden würde mit einem weiteren Bußgeldbescheid.

Angeekelt deponierte sie ihren Bioabfall obenauf. In der Tonne war kaum noch Platz angesichts der unfassbaren Mengen von Müll, die im Haushalt der Junghains abfielen. Kurz überlegte sie, ob sie an der Tür der Nachbarn klingeln sollte, um sich zu beschweren, doch dann verwarf sie diese Idee. Das gäbe nur wieder böses Blut, denn sie konnte kaum auf die Einsicht dieses Proletenpacks rechnen.

Zurück in ihrer Wohnung, deren Eingangstür mit drei Sicherheitsschlössern und einem von Rahmen zu Rahmen gehenden stählernen Querriegel gesichert war, rief sie das Ordnungsamt an und informierte die Behörde über die neuerliche Umweltsünde der Geschwister. Yvonne gedachte allen Eventualitäten der eigenen Haftbarmachung von vornherein entschieden vorzubeugen. Im Amt versprach man ihr, der Sache nachzugehen.

Die wie eine alles niederwalzende Springflut über sie hereinbrechende Pandemie, die dadurch erzwungene Arbeitsniederlegung, ihre prekäre finanzielle Situation seit Leos Verschwinden und die schmerzliche Verlorenheit, ohne den Mann an ihrer Seite die Kinder erziehen zu müssen, versorgten sie mit mehr als genug Problemen, und Yvonne wollte nicht auch noch ständig mit diesen asozialen Nachbarn aneinander geraten. Auseinandersetzungen, vor allem auf diesem untersten Niveau, zehrten entschieden an ihren Nerven. Doch wenn es nicht anders ging, würde sie sich von den Geschwistern auf keinen Fall kampflos in die Enge treiben lassen. Sie war es allein schon den Kindern schuldig, die sie niemals in einer Atmosphäre von Angst aufwachsen lassen würde. Ihr fiel die Gaspistole ein, die sich noch irgendwo unter Leos Sachen befinden musste. Sie sollte die Waffe schnellstens finden, damit sie sich möglicher Attacken Ruben Junghains erwehren konnte. Sie traute diesem Proleten nahezu alles zu.

Als die Kinder abends eingeschlafen waren, hatte sie endlich Zeit, einen der beiden Umzugskartons mit Leos persönlichen Dingen hervorzuholen. Sie klappte den Deckel zurück. Fotos von Firmenfeiern und Seminaren lagen obenauf. Dann folgten Arbeitsdokumente, ein TÜV-Bericht der

Firmenlimousine, sein Vertrag mit der *Mediasan AG*, Protokolle seiner Arztbesuche mit den exakten Warenumsätzen, und tatsächlich: da lagen auch die Pistole in einem mit grünem Samt ausgeschlagenen Kästchen und zwei Packungen mit Patronen. Leo hatte ihr vor Jahren gezeigt, wie man sie bediente, und ihr sowohl das Reinigen wie auch das Laden der Waffe demonstriert. Yvonne erinnerte sich genau an den Tag. Sie hatten gelacht wie zwei tobende Kinder, weil sie ihn in schierem Übermut mit der ungeladenen Pistole durch das Haus gejagt hatte. Dann hatte er blitzschnell ihre Hand gepackt und ihr die Waffe entwunden, während er sie küsste und gleichzeitig auszuziehen begann. Als sie nackt auf dem Bett lagen, hatte Leo mit dem kühlen Metallauf der Waffe ganz langsam ihre Scham liebkost, abwärts, aufwärts, hin und her, und dabei den Blick nicht von ihren Augen gewandt, als wollte er sie hypnotisieren. Und mit einem Mal war ihr ganzer Körper von der Urgewalt eines aus ihrem tiefsten Innern sich Raum schaffenden Zitterns ergriffen worden, von einer Epilepsie, die sich seismischen Wellen gleich von ihrer Mitte ausbreiteten, und dann hatte Yvonne endlos währende Sekunden lang die steilen Höhen eines bis zu diesem Zeitpunkt für sie völlig unvorstellbaren Gipfels erklommen.

Noch in der Erinnerung daran atmete sie schwer.

- Leo, wo bist du? flüsterte sie.

Sie wischte eine Träne von der Wange. In manchen Momenten überkam sie diese Traurigkeit, gegen die sie machtlos war. Im Plan für ihr Leben war Leo an ihrer Seite einbegriffen, und es fiel ihr immer noch schwer loszulassen.

Die Pistole gefunden zu haben beruhigte sie ein wenig. Yvonne würde ab sofort die Wohnung grundsätzlich nicht mehr verlassen, ohne sie bei sich zu tragen.

Bereits in der Woche darauf fand sie Gelegenheit, solch weise Voraussicht zu preisen, denn sie hatte eine unverhoffte Begegnung mit Ruben Junghain, die ihr noch Tage später Übelkeit verursachte. Im Treppenhaus hatte sie eben in den dort an der Wand hinter der Eingangstüre angebrachten Briefkasten geschaut, da sie auf Post von Yannicks Schule wartete, als sie instinktiv spürte, dass jemand hinter ihr stand. Zur gleichen Zeit roch sie seinen Schweiß, seine aus den Poren dringenden Ausdünstungen von Marihuana und hörte die typischen hechelnden Laute eines in seinem Körperfett ertrinkenden Kurzatmigen. Yvonne tastete unbemerkt nach der Pistole, die sie hinter den Gürtel ihrer Hose geklemmt hatte, und drehte sich langsam um. Da lauerte dieses unförmige, stinkende Stück Vieh mit seiner in höhnischem Grinsen zur Schau getragenen Selbstgefälligkeit und der Gewissheit, für diese Beute gäbe es kein Entrinnen. Seine fette Pranke schnellte vor und packte mit brutalem Griff ihren Schoß.

- Na, ist die Muschi schon feucht? Du Schlampe, jetzt besorge ich's dir so, wie du‘s brauchst, du geiles Luder, stieß er heiser hervor.

Yvonne stockte der Atem angesichts dieses dreisten Überfalls. Es war einfach nur widerlich, und sie musste ihre ganze Kraft zusammen nehmen, um souverän zu erscheinen. Sie hob die Pistole, den Finger am Abzug, und drückte sie ihm in seine hässliche Fratze.

- Sie lassen mich sofort los, sonst kenne ich kein Pardon und schieße. Das ist kein Scherz, also…, sagte sie mit fester Stimme.

Auf den feisten Zügen des Widerlings machte sich Verblüffung breit. Mit ihrer unerschrockenen Wehrhaftigkeit hatte er in keinem Moment gerechnet. Ungläubig ließ er sie los und trat zwei Schritte zurück. Yvonne war das nicht genug. Es galt dieses Eisen zu schmieden, solange das Feuer glühte. Entschlossen ging sie ihm nach, immer noch die gezückte Waffe dicht vor seinem Mund.

- Ich werde diese Pistole von nun an stets bei mir tragen, wenn ich meine Wohnung verlasse. Und in Zukunft werden Sie sich nicht im Flur aufhalten, sobald ich das tue, haben Sie das verstanden? gab sie ihm in aller Deutlichkeit zu verstehen.
- Jjjaa..ja, stammelte Ruben entgeistert.
- Sollte ich Sie jemals wieder in Flur oder Treppenhaus antreffen, werde ich keinen Augenblick zögern, von der Schusswaffe Gebrauch zu machen! Und jetzt fort von hier!

Als er sich breitbeinig schlurfend in den Eingang seiner Wohnung zurückzog, stieg Yvonne schnellen Schrittes die Treppe hinauf. Oben lehnte sie sich schweratmend an den Türrahmen. Sie wollte nicht, dass Yannick und Annalena sie in einer derart aufgewühlten Verfassung sahen. Erst jetzt fiel ihr ein, dass Ruben ebenso wenig wie sie selbst hier im Haus eine Atemschutzmaske getragen hatte. Abermals jagte ihr der Gedanke, von den Aerosolen oder gar dem Geifer dieses Dreckschweins mit dem Virus infiziert zu werden, Schauer des Ekels über den Rücken.

Von unten drang eine neugierige Kinderstimme zu ihr:

- Wollte die Dreckshure dich echt abknallen, Papa?

Es war der kleine Marlon, der das fragte, Mandy Junghains Sohn. Aber er hatte den Bruder seiner Mutter nicht Onkel genannt, sondern Papa. Yvonne konnte nicht verhindern, dass ihr ein Würgen die Kehle hochstieg. Gerade noch rechtzeitig schaffte sie es ins Bad, wo sie den Deckel der Toilette hochklappte, auf die Knie sank und sich erbrach.

14 Vergleiche

Über eines war sich Emilia mit absoluter Sicherheit im Klaren: als Gemahlin von Fabian wäre ihr Leben in völlig anderen Bahnen verlaufen. Manchmal wurde sie von Zweifeln heimgesucht, ob sie nicht doch den falschen Mann geheiratet hatte. Fabian war ein durch und durch liebenswerter Mensch, solide, gebildet, ohne Falsch, und er tat alles für sie, aber sie ertappte sich bisweilen auch bei dem Gedanken, dass sie ihn in seiner ergebenen Art langweilig fand. Leo dagegen besaß eine unleugbare Aura von Gefahr, ein menschliches Raubtier, unberechenbar, zu manchen Zeiten ein handzahmes Kätzchen, dann wieder eine mordlustige Bestie, bereit ihr Blut zu kosten. Leo war in höchstem Masse erregend, etwas dass sie bereits bei ihrer ersten Begegnung im Klinikum instinktiv gespürt hatte. Und diese irrationale Faszination hatte sich bis heute um keinen Deut verloren; immer noch schlug Emilias Herz schneller in seiner Gegenwart. Auch unter den für ihn so demütigenden Umständen im Bunker, wo er ihr doch auf Gedeih und Verderb ausgeliefert war, besaß er ungebrochene Macht über ihre Gefühle.

Sie dachte an beider Herkunft, die unterschiedlicher nicht hätte sein können: Fabian, der wohlerzogene einzige Sohn, in behüteter Nestwärme aufgewachsen in einem liebevollen Elternhaus, Leo, das von seiner überforderten Mutter, einer von ihrem adeligen Elternhaus verstoßenen Drogenabhängigen, als Säugling zur Adoption freigegebene *enfant terrible,* groß geworden im Waisenhaus und später in einem Heim für schwer erziehbare Kinder, welches ihm seine kindliche Revolte mit Gewalt, Prügel und sadistischen Strafen vergolten hatte. Wenn man den Maßstab an seinen Werdegang mit all den Entbehrungen seiner Kindheit legte, dann war es schon erstaunlich, wie weit er es gebracht hatte. Allein seine cholerische Brutalität und auch sein gänzlicher Mangel an Ethos zeugten von einschneidenden Erlebnissen in seiner Biographie, die er niemals abgeschüttelt hatte.

In diesen verrückten Zeiten der Pandemie fühlte sich E-milia, je länger sie Leo im Bunker gefangen hielt, mehr und mehr überfordert. Die in ihrem Ende bei weitem noch nicht absehbare Situation begann ihr allmählich über den Kopf zu wachsen, und was einst als zuckersüße Vergeltung begonnen hatte, drohte ihr Leben auf eine nie von ihr beabsichtigte Art zu bestimmen. Ihr -wenngleich im Moment schwacher- Trost war allein, dass sie Fabian loyal an ihrer Seite wusste, Fabian, der sie anbetete und sie mit besten Kräften unterstützte, auch wenn seine Komplizenschaft sich jenseits legaler Grenzen bewegte und er oft genug zaghafte Skrupel geäußert hatte.

Es mochte eine launige Fügung der Natur sein, ein verrückter Zufall nur oder doch ein von freundlichen Mächten für sie auserkorenes Schicksal: Emilia hatte keine Erklärung für die manchmal frappierende Ähnlichkeit, die ihre beiden Männer verband. Vor allem auf Fotos glichen ihre Gesichtszüge einander wie ein Ei dem anderen, etwas das sich weniger aufdrängte, wenn man sie nebeneinander stellte. Leo und Fabian waren nicht verwandt, obwohl sie manchmal in beider Physis erstaunliche Übereinstimmungen feststellte. Aber eine Tatsache konnte sie nicht leugnen, sie stand einfach auf diesen Typ Mann: stämmig, doch nicht fett, sportlich und gut bemuskelt, eins achtzig groß, kurzes Haar, braune Augen und einen Wildwuchs von Körperhaaren auf Brust, Armen und Beinen. Leo hatte dunkles, schwarzbraunes Haar, das sie im Bunker seit langem auf seinen Wunsch zu einer Glatze schor. Sein blanker Schädel, der verwegen aussehende Dreitagebart und seine schwarz behaarten Unterarme waren nichts weniger als die virilen Insignien eines für sie maßgeschneiderten Traummannes. Fabians Haare hatten eine Farbe, die für gewöhnlich als Erdbeerblond bezeichnet wurde. Er trug sie sechs Millimeter kurz auf dem Kopf, doch auf seiner Brust kräuselte sich eine rote Wolle, die Emilia schlichtweg den Atem nahm. Und beide, Leo wie Fabian, machten nach all den Jahren immer noch ihre Knie zittern, wenn sie sich die fantasievollen Zärtlichkeiten in ihre Erinnerung rief, mit denen sie von ihnen verwöhnt worden war. Jeder war auf seine Art dafür geschaffen, sie auf die höchsten Gipfel der Erfüllung zu katapultieren. Und sie pries den Himmel dafür, diese ultimative Inkarnation von einem Mann gleich zweimal in ihr Leben geschickt zu haben, auch wenn sie das Bett jetzt nur noch mit Fabian teilte. Sie verzehrte sich, seitdem sie ihn in den Bunker verbannt hatte, mehr als je zuvor nach Leos Berührungen, doch es war viel zu gefährlich, ihrer Sehnsucht nachzugeben, denn er war wild und niemals auszurechnen, und obwohl er sicherlich in gleichem Maß ihre körperliche Nähe vermisste, musste sie stets der Möglichkeit gewahr sein, dass er sie urplötzlich attackierte. Dieser eine Kuss, als vor kurzem sie einer momentanen Schwäche nachgegeben hatte, würde sich nicht wiederholen. Das durfte einfach nicht sein.

Seit elf Jahren war sie nun mit Leo verheiratet, und Fabian war seit siebzehn Jahren ihr Geliebter, mit Ausnahme einer kurzen Zeit unmittelbar nach ihrer Hochzeit, wo sie ihr Leben in geregelte Bahnen zu lenken gedachte und ihrem frisch angetrauten Gatten Treue geschworen hatte, ein Unterfangen, welches sie heute als einen unentschuldbaren Anfall von Wahnsinn abtat. Doch glücklicherweise war ihr schnell klar geworden, sie konnte, nur weil sie jetzt die Frau eines anderen war, auf Fabian nicht verzichten, und nach einem halben Jahr nahmen sie die alte Beziehung wieder auf. Es war niemals kompliziert gewesen. Fabian wusste natürlich von Leo, aber Leo hatte bis zu seiner Gefangenschaft keine Ahnung, dass seine Frau ein Verhältnis mit Fabian hatte. Obwohl Fabian unsterblich in sie verliebt war, hatte er daraus nie die geringsten Ansprüche an sie abgeleitet. Umgekehrt wäre Leo ausgerastet, wenn er von diesem Nebenbuhler gewusst hätte. Er konnte überaus impulsiv reagieren und neigte zu explosionsartig sich entladenden Eifersuchtsanfällen. Vermutlich hätte er sie halb totgeprügelt.

Emilia machte sich keine großen Illusionen darüber, was sie mit beiden, Leo und Fabian, vor allem anderen zusammenschweißte – es war vor allem anderen Sex, nichts anderes als fabelhafter, wahrhaft olympische Gipfel erstürmender Sex. Anfangs war diese fatale Tendenz zur Nymphomanie nur zögernd in ihr Bewusstsein gedrungen, und doch war es so: in ihrem Leben drehte sich alles ausschließlich um das Eine. Wenn Leo berufsbedingt unterwegs war, traf sie sich an jedem Tag mit Fabian, und Sex stand immer im Mittelpunkt. Ebenso war es ihr stets mit Leo gegangen. Kam er abends oder am Wochenende heim, verbrachten sie ungezählte Stunden im Bett. Der Haushalt und die anderen zu erledigenden Dinge konnten warten. Sex war alles, was zählte, und unter seinen Händen bebend vor Lust nahm Emilia immer wieder in Kauf, dass ihr Mann sich im Alltag keineswegs als die ideale Ergänzung entpuppt hatte.

Eine gewisse Kompatibilität vermochte sie am ehesten noch mit Fabian festzustellen, sein Lebenswandel und seine Interessen deckten sich weitgehend mit den ihren, und sowohl sein untadeliger Charakter, sein ansehnliches Erscheinungsbild wie auch seine absolute Hingabe hätten ihn für jede Frau als Idealpartner prädestiniert. Obendrein besaß er die bewundernswerte und sie immer wieder erstaunende Fähigkeit, die seinem Wesen eigene Sanftmut gegen eine vulkanische Eruption erotischen Erfindungsreichtums einzutauschen, sobald sie beide die Laken aufsuchten. Ohne diese seine unleugbaren Vorzüge wäre sie kaum die ganzen Jahre mit ihm zusammen geblieben. Aber Fakt war auch: ein winziges Quäntchen fehlte ganz einfach, die Prise Salz, ein prickelnd Unwägbares, die Lust auf Abenteuer, und das ließ sich nicht wegleugnen.

Leo dagegen war im Grunde genommen kein Mann zum heiraten und zusammenleben. Einen wie ihn hielt sich eine Frau allenfalls als Liebhaber ohne Verbindlichkeiten, denn zum Ehemann taugte er so gar nicht. Sie musste sich eingestehen: ihren Verstand hatte sie bei ihrem Jawort niemals konsultiert, es waren ihr Hunger, ihr Trieb, ihre Unersättlichkeit, welche sie in diese Verbindung getrieben hatten, vielleicht noch der Kummer und die Leere nach dem Tod des Vaters, und im Verlauf ihrer Ehejahre hatte sich die Einsicht in ihr verfestigt, dass es ein großer Fehler gewesen war, ihr Leben durch eine Heirat an das von Leo zu ketten. Und aneinander gekettet: ja das waren sie bis zum heutigen Tag und, sah sie sich die restlos verfahrene Lage an, wohl auf immer und ewig, wie zum Hohn auf den Treueschwur vor dem Standesbeamten.

In den Katakomben dieser Ausweglosigkeit konnte sie sich nicht wehren gegen die sie manchmal heimsuchenden, frevlerischen Gedanken, dass die einzige Chance, ihre Freiheit jemals zurückzugewinnen, allein Leos Tod sein würde. Nahm sie ihm dagegen jedoch die Ketten ab und entließ ihn aus seinem Kerker zurück ins Leben, dann würde er nur zwei Alternativen kennen: entweder sie auf der Stelle zu töten oder sie wegen schwerer Freiheitsberaubung hinter Gitter zu bringen. Halb spielerisch, halb im Ernst ging Emilia ihre Möglichkeiten durch. Eine schnelle Überdosis Insulin, bei einer Autopsie nicht nachzuweisen, würde einen Tod mehr als plausibel erscheinen lassen, sein durch den Hirnschlag geschwächter Körper, seine marode Konstitution, seine von unabhängigen Ärzten erstellten Prognosen würden keinerlei Fragen aufwerfen, ein wenngleich plötzliches Hinscheiden wäre doch auch naheliegend und eine überfällige Erlösung für ihn, den im Wachkoma dahin Vegetierenden.

Das Problem bei dieser von Emilia durchaus ernsthaft in Betracht gezogenen und, wie sie fand, überaus eleganten Lösung war nur, dass Fabian, der ansonsten in absoluter Fahnentreue zu ihr stand, bei einem Mord niemals mitspielen würde.

15 Ein unverhoffter Fund

Ja, sie fühlte sich jetzt sicherer, seitdem sie die Pistole gefunden hatte, doch selbst noch Tage später grauste ihr vor dem widerwärtigen Überfall dieses asozialen Dreckschweins, und ihr wurde jedes Mal speiübel, wenn sie nur daran dachte. Sie hatte ihren ganzen Mut zusammen nehmen müssen, um ihn in die Schranken zu weisen, und hätte er geahnt, wie es in Wirklichkeit um sie bestellt war, wie sehr ihr Innerstes seither in hellem Aufruhr bebte, würde er seine Attacke auf der Stelle wiederholt haben. So aber zeigte ihr bestimmtes Auftreten die gewünschte Wirkung: Ruben Junghain hielt sich tatsächlich fern vom Flur.

Noch unsicher war sie, wie sie Yannick und Annalena die Pistole erklären sollte. Es erschien ihr wenig ratsam, im Beisein der Kinder eine sichtbare Waffe zu tragen. Das würde ihnen unweigerlich Angst bereiten. Sie wollte unter allen Umständen vermeiden, dass die beiden, sobald sie die Wohnung verließen, in Panik verfielen. Ohnehin hatte sich Ruben auch vor ihnen mehrfach als Bedrohung gebärdet und sie mit Worten und Gesten einzuschüchtern versucht. Yvonne bemühte sich, vor dem Betreten des Treppenhauses die Pistole stets unbemerkt von den Kindern an sich zu nehmen und hoffte inständig, dass sie nicht genötigt war, vor ihren Augen Gebrauch davon zu machen.

Was zudem ihre Abscheu ins Unermessliche schürte, war die kaum von der Hand zu weisende Vermutung, dass

Marlon das gemeinsame Kind der Geschwister Junghain war, gezeugt allem Anschein nach bar aller ethischen Skrupel in inzestuöser Schande. Auf eine Art verwunderte diese Ungeheuerlichkeit sie so gar nicht, denn die beiden befanden sich auf dem geistigen Niveau von Kellerasseln, und sowohl Ruben wie auch Mandy waren von einer derart abstoßenden Hässlichkeit, dass sich kaum jemand anderes auf diese verfetteten und stinkenden Wesen versteigen würde. Yvonne überlegte, ob es sinnvoll wäre, ihren Verdacht den Behörden zu melden. Sie müsste in jedem Fall erst in Erfahrung bringen, welches Amt für einen derart abseitigen Fall zuständig sein könnte, vielleicht das Jugendamt. Zudem entzog es sich ihrer Kenntnis, ob das Zeugen eines Geschwisterkindes vom juristischen Standpunkt aus eine Straftat darstellte. Aber ihr Hass auf dieses Proletenpack war nach den letzten Vorfällen so sehr gewachsen, dass sie mit allen ihr zu Gebot stehenden Mitteln versuchen wollte, ihnen, wo immer sich die Gelegenheit bot, Steine in den Weg zu legen.

Als bereitete ihr die auf unabsehbare Zeit andauernde Krise nicht bereits genug Probleme, setzte ihr obendrein noch die räumliche Nähe zu solchem Abschaum tagtäglich zu. Es überstieg allmählich ihre Kräfte, sich immer wieder mit den asozialen Geschwistern auseinandersetzen zu müssen, wo ihre Aufgaben als Mutter sie zurzeit über Gebühr in Beschlag nahmen. Sie liebte ihre Kinder, und als gelernte Kindergärtnerin fielen ihr *home schooling* und Ganztagsbetreuung vermutlich leichter als anderen, mit der momentanen Situation schlichtweg überforderten Eltern. Aber nach diesen endlos erscheinenden Wochen strenger Disziplin stand ihr der Sinn danach, endlich wieder einmal Dinge zu tun, die nach Leben schmeckten, ein bisschen normal oder auch verrückt sein, ein wenig über die Stränge schlagen zu können. Der Frühling war mild, und Yvonne sehnte sich nach einer Bank am Spielplatz, wo sie mit anderen Müttern reden konnte, nach einem Treffen mit Freunden im Biergarten an den länger werdenden Abenden, einem Kinobesuch oder einfach mit den Kindern schwimmen zu gehen. Sie wollte die Unbeschwertheit zurück und nicht in der ständigen Angst verharren, sich oder ihre Liebsten mit dem Virus zu infizieren, sobald sie das Haus verließen. Die Fernsehnachrichten, die sie abends regelmäßig anschaute, um sich einen laufenden Eindruck der Lage zu verschaffen, verkündeten immer wieder nur die traurige Prognose, mit einem Impfstoff sei nicht vor Mitte des nächsten Jahres zu rechnen. Sie wusste nicht, ob sie eine solch lange Zeit voller Entbehrungen durchstehen konnte.

In diesen verwirrenden Wochen bestand Yvonnes Kontakt zur Außenwelt, die hektische Zeitspanne ausgenommen, wo sie ihre Einkäufe erledigte und dann auf mit Atemschutzmasken verhüllte Nachbarn und Supermarktmitarbeiter traf, hauptsächlich in Telefonaten mit ihrer Schwester Veronika, die ein Altenheim in Sankt Augustin leitete. Vera war mit ihren Nerven am Ende. Im Heim war das Virus ausgebrochen, wohl eine ganze Zeitlang unentdeckt geblieben und hatte sich in der Folge rasend schnell verbreitet. Inzwischen gab es dort trotz aller erdenklichen Maßnahmen der Eindämmung eine Vielzahl rasant steigender Fälle zu vermelden, sowohl bei Pflegern wie auch bei Bewohnern.

Die alten Leute starben ihnen unter den Händen weg wie die Fliegen, während das Personal, die meisten unter fünfzig Jahre alt, von unterschiedlichen, oft nur leichten Krankheitsverläufen berichtete. Das Heim hatte eine totale Kontaktsperre verhängt, kein Außenstehender wurde eingelassen, keinem Mitarbeiter wurde gestattet, sein Zuhause und seine Familie aufzusuchen. Ohnehin gab es keine Freizeit, alle arbeiteten rund um die Uhr. Es war ein Leben wie im Zuchthaus. Und in all dem Trubel nahm sich Yvonnes Schwester an jedem Abend ein paar Minuten Zeit, um mit ihr aus der Quarantäne zu telefonieren.

Heute erreichte Veras Anruf sie, als Yvonne soeben die Kinder zu Bett gebracht hatte. Wie üblich las sie ihnen vor dem Einschlafen noch ein Märchen vor. Annalena wollte unbedingt Allerleirau der Gebrüder Grimm hören, das sie liebte und von dem sie nicht genug bekommen konnte. Sie quengelte so lange, bis auch ihr Bruder maulend sein Einverständnis gab. Yvonne fügte sich schmunzelnd. Dann gab sie beiden einen Gutenachtkuss, löschte das Licht und schloss die Tür.

Als sie nach dem dritten Klingeln den Telefonhörer abnahm, tönte ihr ein langer Seufzer entgegen.

- So schlimm? fragte Yvonne.
- Noch viel schlimmer, antwortete Vera.

Die Schwestern erzählten, diskutierten und klagten eine halbe Stunde einander ihr Leid. Im Altenheim spitzte sich die Situation täglich dramatischer zu. Die Todesfälle häuften sich, und das Virus ging trotz schärfster Beschränkungen weiter um. Yvonne berichtete von der Pistole, die sie unter Leos persönlichen Sachen gefunden hatte, und dass sie ohne die Waffe die Wohnung nicht mehr verließ, weil die bedrohliche Lage im Haus jederzeit in Gewalt umkippen konnte.

- Du musst da unbedingt raus und zwar schnellstens! Warum verkaufst du die Wohnung nicht? meinte Veronika besorgt.
- Kein guter Zeitpunkt, jetzt in der Pandemie. Da haben die Leute andere Sorgen, seufzte Yvonne.
- Aber danach sofort, versprich mir das. Du hast da sonst keine ruhige Minute mehr, sagte ihre Schwester.

Als sie schließlich aufgelegt hatten, verspürte Yvonne noch keine Müdigkeit. Leise schaute sie ins Zimmer der Kinder. Beide schliefen fest. Sie ging in die Küche und schenkte sich aus einer angebrochenen Flasche ein Glas Trollinger ein. Dann nahm sie im Wohnzimmer auf dem Sofa Platz. Ihr ging so vieles durch den Kopf, und es fiel ihr schwer, sich auf ihre wirren Gedankengänge zu konzentrieren. Mechanisch schaltete sie den Fernseher ein. Im ersten Programm lief eine der täglichen Extrasendungen über die Pandemie, in denen ratlose Fachmediziner und selbsternannte Experten ihre unmaßgeblichen Meinungen darüber äußerten, wie der Krise am besten Herr zu werden war. Das obligatorische Interview mit dem Gesundheitsminister, aufgenommen im Studio vor einer Rückprojektion des Brandenburger Tors, strotzte vor den im Politikerjargon gebräuchlichen Plattitüden und kreiste im Aussagegehalt um ein großes Vakuum. Yvonne widerstrebte es, sich diesen die kollektive Panik noch schürenden Schwachsinn auch nur eine Sekunde länger anzuhören. Entnervt schaltete sie das Fernsehgerät aus.

Ihr Blick fiel auf die beiden Umzugskartons mit Leos Sachen, in deren einem sie kürzlich die Pistole entdeckt hatte. Auch die zweite Kiste hatte sie damals beim Auszug aus der Gertrudisstraße gepackt und seitdem nicht angerührt. Sie war in einer seltsamen Stimmung. Warum sollte sie nicht ein wenig eintauchen in den Ozean einer glücklichen Vergangenheit? Das erschien ihr der geeignete Moment dafür, auch um die aktuellen Sorgen ein wenig beiseite zu schieben. Yvonne holte die Flasche Trollinger aus der Küche und schenkte sich nach. Dann trug sie den zweiten Karton hinüber zum Sofa und öffnete ihn.

Obenauf fanden sich einige pharmazeutische Bücher, Standardwerke, die früher, so erinnerte sie sich, auf Leos Schreibtisch gestanden hatten. Es folgte ein schwarzer Aktenordner mit akribisch dargestellten Tabellen seiner Umsatzzahlen in den Jahren 2010-2015. Darunter entdeckte sie eine Dokumentenmappe aus glänzendem Krokodilleder, ein Weihnachtsgeschenk seiner Firma. Als Yvonne sie aufschlug, war sie leer bis auf zwei Babyfotos von Yannick und Annalena. Sie musste lächeln und nahm einen Schluck Rotwein in glückseliger Erinnerung.

Dann fand sie weiter unten im Karton Leos Impfpass, in welchem die Impfungen gegen Polio, Wundstarrkrampf und Hepatitis mit dem jeweiligen Datum eingetragen waren. Ein durch Lochungen für ungültig erklärtes Sparbuch seiner

Bank lag neben dem Mitgliedsausweis vom Badminton-Verein und einer Kopie seines Führerscheins. Eine ganze Anzahl von Etuis enthielt Leos Sammlung von Goldmedaillen, die die *Mediasan AG* an jedem Jahresende dem jeweils umsatzstärksten Mitarbeiter verliehen hatte. In zwei Briefumschlägen befanden sich Devisen, im ersten einhundert Schweizer Franken, im zweiten sechzig britische Pfund, alles in Banknoten.

Ganz unten auf dem Boden des Kartons aber fand Yvonne einen Reisepass der Bundesrepublik Deutschland. Er war ausgestellt im Jahr 2009 auf den Namen Leonhard von Nolting und im letzten Jahr abgelaufen. Die ausstellende Behörde ebenso wie der Wohnort war als Baden-Baden angegeben. Die zugehörige Adresse lautete Kaiser-Wilhelm-Straße. Erst machte sich Verwunderung darüber in ihr breit, wie Leo in den Besitz eines fremden Passes kam. Dann schaute Yvonne auf das Foto des Passinhabers und hielt den Atem an in plötzlichem Erschrecken.

Das Bild zeigte niemand anderen als den Mann, mit dem sie verheiratet war, Philipp Leonhard. Aber wenn es Yvonne bereits irritierte, dass in diesem Pass als Wohnsitz nicht Köln, sondern Baden-Baden vermerkt war, dann vermochte sie um so mehr noch die brennende Frage nicht zu unterdrücken, warum dieses dem ersten Augenschein nach unzweifelhaft echte Dokument seinen Namen als Leonhard von Nolting auswies?

16 Secretmeetings

Bereits die frühen Tage des Aprils waren außergewöhnlich warm und luden nach dem grauen und verregneten Winter ein zu vielfachen Aktivitäten im Freien, wenn nur nicht die verfluchten Kontaktbeschränkungen allen Vorhaben strikte Grenzen setzen würden. Emilia hatte allmählich genug von dieser von der Regierung verhängten Bevormundung seiner Bürger und der damit einhergehenden, gezielt initiierten Panikmache.

In den Fernsehnachrichten hatte sie gesehen, es fanden erste Protestaktionen gegen diese unsägliche Zwangsquarantäne statt. Solcher Widerstand war ihr aus der Seele gesprochen. Der inakzeptable Ausnahmezustand dauerte viel zu lange, mehr als drei Wochen schon, und es war bei weitem noch kein Ende in Sicht. Sie wollte raus, unter Menschen. Hier drinnen, eingesperrt in ihrer Villa, fiel ihr die Decke auf den Kopf. Sie wusste mit sich nichts anzufangen, sie dürstete nach Erlebnissen, nach handfester Zerstreuung, und ihre momentane Ohnmacht im Angesicht der Pandemie schürte obendrein eine namenlose Wut in ihr. Sie wurde zunehmend unausgeglichener, ein Vulkan, der kurz vor dem Ausbruch stand. Manchmal reichte ihr die tiefe Genugtuung einfach nicht, Leo in ihrer Gewalt zu wissen, auch wenn seine Beobachtung, seine Versorgung und seine fortdauernde Hilflosigkeit ihr zum brodelnden Lebenselixier geworden waren. Manchmal begehrte sie einfach mehr als das, und ihr ganzer Körper bebte dann vor Unternehmungslust.

Entnervt und schlecht gelaunt fuhr sie den Computer hoch und gab den Namen der Domain in die Browserzeile ein. Die Existenz dieser Webseite war ein streng gehütetes Geheimnis, sie tauchte in keiner der gängigen Suchmaschinen auf und wurde durch die überschaubare Zahl der Eingeweihten ausschließlich an Personen ihres Vertrauens weitergegeben. Bereits beim Versuch die Domain aufzurufen erschien der Hinweis *Seite wurde nicht gefunden*, und es bedurfte einiger Tricks und Kniffe, sich diese angeblich unauffindbaren Inhalte zugänglich zu machen. Solch konsequent gedeckelte Flüsterpropaganda, eine außerhalb des Darknets mehr als ungewöhnliche Vorsichtsmaßnahme, trieb den Kult um die von Mythen umrankte Seite *www.secretmeetings.net* in sagenumwobene Höhen.

Diese unaufhörlich weiter wachsende Gier nach Leben hatte Emilia verstärkt in sich gespürt, seitdem sie Leo im Bunker gefangen hielt, anfangs nur als eine vage Unzufriedenheit, doch in der jetzigen Ausnahmesituation der Pandemie wuchs es sich aus zu einer regelrechten Qual. Sie musste sich eingestehen, dass nicht nur er, sondern auch sie selbst das Dasein einer Gefangenen führte, in einer von ihr in ihren kühnsten Träumen niemals vorhergesehenen Umkehr der Dinge. Auch ihr waren im übertragenen Sinn die Hände gebunden, sie war eine Wärterin, die in ihrem Haus kaserniert wurde von der Pflicht der Gefangenenaufsicht, welche zu ihrem ganzen Verdruss ihre nahezu permanente Anwesenheit erforderte. Urlaub hatte sie seit fünf Jahren nicht gemacht, und wenn sie, was selten genug vorkam, die Villa verließ, dann lediglich für ein paar Stunden, um die nötigsten Besorgungen zu erledigen.

Ja - ihre Rache hatte ihr den totalen Triumph über Leo beschert, den sie an jedem Tag ihres Lebens aufs Neue auskostete und der ihr das durch seine Brutalität verlorene Selbstwertgefühl so reichhaltig zurückgegeben hatte. Gleichzeitig jedoch erschien ihr dieser Akt der Befreiung auch als Weg in eine neuerliche Abhängigkeit, und manchmal ertappte sie sich bei dem unfreiwilligen Eingeständnis, dass eine Scheidung von Leo und ihn wegen seiner zahllosen Vergehen juristisch zu belangen die bessere Lösung gewesen wäre, zumindest eine, die ihr eigenes Leben nicht auf diese schicksalhafte Weise dauerhaft an seines gekettet hätte.

Ohne die gelegentlichen irrationalen Ausbrüche, die sie sich gönnte und bei denen sie sich frei nahm und für drei, manchmal vier Stunden fort war, wäre sie unweigerlich Amok gelaufen oder hätte Leo etwas angetan, um sich dieser ihr durch seine Kasernierung aufgehalsten Bürde für allezeit zu entledigen. Aber wenn sie bei ihrem geheimen Treiben genügend Dampf abgelassen hatte, dann kehrte sie zurück in ihren Alltag, um wieder auf der Wolke süßer Rache zu schweben, und erleichtert stellte sie fest, wie alles wieder ins Lot kam und die vor dem Bildschirm mit der Beobachtung ihres Gatten verbrachte Zeit sie wie immer mit höchstem Glück erfüllte. Doch eben diese erregende Art, sich zum Ausgleich für ihre unnachgiebige Disziplin ab und an auszutoben, wurde ihr gerade verwehrt durch die von den

Hauptstadtkadern der Politmafia erlassenen, schnöden Gesetzesvorschriften.

Ersatz für Entgangenes und wohl auch noch weiterhin Entgehendes bei Leo zu suchen, erschien ihr nach wie vor zu gefährlich, obwohl sie sich immer noch rasend und mehr als je zuvor nach ihm verzehrte. Und Fabian war im Krankenhaus dermaßen eingebunden, dass sie auf ihn momentan kaum zählen konnte. Wie alle Vertreter seines Berufes hatte ihn diese weltweite Krise völlig in Beschlag genommen. Emilia hatte ihn länger als einen Monat nicht gesehen. Sie telefonierten jeden Abend, aber er fand keine Zeit vorbeizukommen. Er schlief jede Nacht auf dem Wandbett in seinem Büro, immer in Bereitschaft, bei Bedarf den diensthabenden Ärzten zu helfen. Die Intensivstation des Klinikums quoll über von Patienten mit schwersten Symptomen. Ihre Symptome dagegen, die Symptome einer in ihren grundlegenden Bedürfnissen vernachlässigten Frau, Symptome die sich täglich verschlimmerten, kümmerten niemanden.

Emilia gab ihren Usernamen und ihr Passwort in die vorgesehenen Felder ein und drückte die Entertaste. Unmittelbar danach verriet ein Signalton eine soeben eingegangene Mail auf ihrem unter einem Pseudonym angelegten Email-Account. Die Seite verschickte, ähnlich wie Geldinstitute für sicheres Online-Banking, eine sechsstellige Tan-Nummer für das endgültige Log-in, eine in ihren Augen schlichtweg überflüssige Vorsichtsmaßnahme, welche abermals den Kultstatus der Webseite strapazierte. Im nächsten Schritt kopierte Emilia die Tan-Nummer, fügte sie im betreffenden

Feld der Seite ein und hatte sodann endlich ungehinderten Zugang. Als die Pforten des kryptischen Sesams sich öffneten und die Startseite eine von allem überflüssigen Schnickschnack befreite Ansicht klar gestalteten Webdesigns präsentierte, fand Emilia auf Anhieb die für sie relevante Information, die unterhalb einer rechteckigen, mit einer Pinn-Nadel markierten Straßenkarte angezeigt wurde. Sie lautete:

B28 Parkplatz Kehl Baggersee Kork, 08.04.20, 21.00 Uhr

Sie notierte Ort und Zeit auf einen Zettel und loggte sich dann wieder aus, ohne noch die Lust auf weiteres Surfen zu verspüren.

Es überraschte sie nicht, dass wieder einmal die Wahl auf den Parkplatz an der B28 gefallen war. Er lag an der zweispurigen Schnellstraße, die von der A5 nach Kehl führte, direkt an einem kleinen Waldgebiet mit dichtem Unterholz und sich zum alten Baggersee öffnenden Buchten. Im Sommer herrschte hier lebhafter Badebetrieb, die Autos standen dicht gedrängt auf dem vollen Parkstreifen, und man musste achtgeben, um Begegnungen mit Familien zu vermeiden, die mit ihren Kindern zum Schwimmen herkamen. Aber Emilia wusste aus eigener Erfahrung, hier war ganzjährig ein lebhaftes Treiben zu beobachten, im Winter meist erst nach Einbruch der Dunkelheit, weil tagsüber die entlaubten Sträucher keinen Sichtschutz boten. Der Ort war von den Organisatoren wie immer perfekt gewählt.

Von Baden-Baden aus waren es gut fünfzig Kilometer zu fahren. Sie würde den Weg durch den Michaelstunnel nehmen, dann den Zubringer vorbei am Einkaufszentrum der Cité und schließlich die A5 Richtung Basel bis zur Ausfahrt Kehl/ Straßburg. Der Parkplatz war Emilia von früheren Exkursionen vertraut. Zu Stoßzeiten herrschte dort ein regelrechtes Getümmel. Es galt als weithin bekannter Treffpunkt für Dörfler aus dem nahen Schwarzwald ebenso wie für die Einwohner der Metropole Straßburg, die nur eben über den Rhein zu fahren hatten, und auch der umliegenden Elsässer Gemeinden.

Die Betreiber der Webseite von *secretmeetings* hatten den Platz am Baggersee schon mehrfach für ihre Zwecke genutzt, denn er gewährte alle erdenklichen Vorteile. Es fiel kaum auf, wenn ihre User nach geheimer Terminabsprache sich unter die hier sich zu Gange Befindenden mischten, die völlig ahnungslos waren über die Gründe für den plötzlichen Andrang; im Gegenteil: für die Eingeweihten erhöhte das noch den Reiz. Niemand wusste genau, wer dazu zählte und wer nicht, obwohl einige der regelmäßigen Teilnehmer der Treffen einander von Ansehen kannten.

Einmal, vielleicht vor vier Jahren, daran erinnerte sich Emilia genau, hatte sie den Parkplatz angefahren in einem aus heiterem Himmel einsetzenden und bereits über eine Stunde anhaltenden Platzregen, dessen Fluten auf ihre Windschutzscheibe hernieder prasselten wie die Ankündigung einer Apokalypse, dass ihr nichts übrig blieb als tatenlos im Auto auszuharren und auf eine Wetterberuhigung zu warten. Dann erreichte sie auf ihrem Mobiltelefon eine Mail, welche ihr spontan die Adresse eines Saunaclubs in der

Stadtmitte von Kehl als alternativen Ort für das Treffen mitteilte. Alles war straff durchorganisiert, und selbst Hindernisse wie solch ein unvorhergesehener Wetterumschwung, der jede Betätigung im Freien unmöglich machte, konnten die offenbar von kompetenten Logistikern geplanten Aktionen nicht beeinträchtigen. Emilia war klar, dass in der momentanen Ausnahmesituation solche kurzfristigen Alternativen kaum möglich sein würden, denn die Quarantäne machte jede Verlegung in geschlossene Räumlichkeiten unmöglich.

Sie brannte auf diesen demnächst stattfindenden Termin, fast mehr noch als sonst, weil das öffentliche Leben zurzeit komplett lahmgelegt war und sie ihre sich mühevoll gebahnten kleinen Fluchten nicht länger antreten konnte. Restaurants, Kinos, Theater, Festspielhaus: alle waren geschlossen, um die Verbreitung des Virus einzudämmen. Wie sehr sehnte sie sich danach, mit Fabian wieder einmal in ihrem Lieblingsrestaurant essen zu gehen, der Weinstube *Im Baldreit*, gelegen unterhalb der Altstadt in einem mit Kopfstein gepflasterten, malerischen Innenhof, dessen aristokratische Fassaden mit Wildem Wein bewachsen waren und wo man ohne den Lärm der nur ein paar Meter entfernten Stadt bodenständige Küche genießen konnte. Für die zwei oder drei Stunden, die ein Restaurantbesuch dauerte, hatte sie Leo immer problemlos allein lassen können, ebenso wie für die knapp kalkulierte Zeit, in der sie im Sommer nach Iffezheim gefahren war, um sich die Pferderennen anzuschauen, einen Shoppingbummel in der Lange Straße unternommen oder sich im Kaufhaus Wagener mit Delikatessen verproviantiert hatte.

All das verwehrte die Regierung in Berlin ihr gerade mit dem Instrument rigoroser Gängelung, und sie war keineswegs geneigt, sich wie ein gehorsames Lämmchen diesem unzumutbaren Diktat noch länger zu unterwerfen. Als eigenständige und mündige Frau weigerte sich Emilia beharrlich, Entscheidungen über das, was und was nicht zu tun war, nicht selbst treffen zu können. Außerdem war sie fit und gesund, und selbst wenn sie sich, was sie für absolut unwahrscheinlich hielt, mit dem Virus infizieren sollte, hätte das mit Sicherheit keine einschneidenden gesundheitlichen Folgen für sie und würde vermutlich sogar ohne jegliche Symptome und völlig unbemerkt vonstattengehen. Aufmerksam verfolgte sie jeden Tag die bestätigten Fallzahlen in den Medien, las sowohl die bundesweiten wie auch die regionalen und städtischen Statistiken. Die Entwicklung hatte Fahrt aufgenommen, daran bestand kein Zweifel, aber sie war dennoch nicht beunruhigt, denn sie lebte nicht in einer Großstadt, wo Menschenansammlungen und daraus folgend eine Vielzahl von Infektionen kaum zu vermeiden waren. Hier im beschaulichen Baden-Baden, zu Füßen des Schwarzwalds, fühlte sie sich sicher. In diese intakte Welt würde das Virus niemals eindringen können.

Das Treffen am 8. April auf dem Parkplatz des Baggersees in Kehl nahm ihr gesamtes Denken in Beschlag. Sie fieberte ihm entgegen, glühend vor Lust. Nichts auf der Welt, kein Gesetz, keine Pandemie, konnte sie von einer Teilnahme abhalten. Vielleicht war dieser unglaublich gutaussehende

Franzose wieder dabei, der ihr bereits zweimal bei gleicher Gelegenheit seine erotischen Fähigkeiten demonstriert hatte. Ihr liefen immer noch heißkalte Schauer durch das Rückenmark, wenn sie daran dachte, wie er inmitten von rundum kopulierenden Pärchen allein Augen für sie gehabt, seinen Blick wie einen Dolch in ihren Blick gebohrt, sie in seinen starken Armen gehalten und mit seinen nimmermüden Lippen verwöhnt hatte. Niemals zuvor hatte ein Mann sie mit einer derart lodernden Begierde geküsst, ohne Unterlass, zärtlich, wild und unersättlich. Die anderen anwesenden Frauen hatten ihn nicht interessiert, er hatte sie gewollt, nur sie, und das mit seiner sie überwältigenden Körpersprache unmissverständlich zum Ausdruck gebracht. Das erste Mal war es in einem der seit Jahren leer stehenden Höhenhotels auf der Schwarzwaldhochstraße gewesen, das die Organisatoren der *secretmeetings* als überraschenden Treffpunkt ausgegeben hatten und das bei ihrer Ankunft auf wundersame Weise nicht wie üblich verschlossen war. Einige der einstmals legendären Hotelbauten wie das Schlosshotel Bühlerhöhe, Kurhaus Sand und das Hotel Hundseck befanden sich auf der Liste der *lost places*, wahrhaft imposante, grandiose Immobilien, deren weithin berühmte Blütezeit lange zurück lag und die jetzt nur noch vor sich hin rotteten. Und seitdem sie diese verlorenen Orte gelegentlich und, vermutlich um einer Entdeckung vorzubeugen, immer sehr spontan für die Aktivitäten der *secretmeetings* nutzten, hatten die Initiatoren ihren Ruf einer veritablen Geheimbruderschaft nur um so nachhaltiger zementiert.

Einmal noch, einige Monate später, hatte sie den Franzosen völlig unerwartet wiedergetroffen, in den Gönneranlagen in ihrer Heimatstadt, einem streng geometrisch strukturierten, wunderschönen Kleinod von Park, gelegen am Ufer der von der Oos durchflossenen Lichtentaler Allee. An jedem Abend bei Einbruch der Dunkelheit wurde die Anlage von einem Beauftragten der Stadtgärtnerei für den allgemeinen Zugang versperrt. Am hinteren Ende des Areals aber, wo die Ludwig-Wilhelm-Straße einen Knick machte, befand sich verborgen von Sträuchern ein großes Loch im Maschendrahtzaun, dass in nahezu jeder Nacht, auch ohne vorherige Absprachen über *secretmeetings,* sich rastlos nach schnellem Sex Suchende hinter den Hecken und unter den Pergolen tummelten. Hier trafen sich alle Couleurs der Vergnügungssüchtigen, Stricher, Schwule, Transgender, aufgetakelte *drag queens*, gelangweilte Hausfrauen und erlebnishungrige Durchreisende, die auf verschlungenen Wegen von diesem *hotspot* erfahren hatten. Angeblich gab es Seiten im Internet, die regionale Cruising-Tipps verbreiteten, meist erstellt von Einheimischen, welche die Orte selbst regelmäßig nutzten und die es nach exotischem Frischfleisch dürstete und deshalb frivole Einladungen aussprachen.

Dort im nächtlichen Park hatte Emilia, nach einer auf der Webseite von *secretmeetings* erst zwei Stunden vor Beginn des Treffens abrufbaren Information, den Franzosen zum zweiten Mal gesehen, und wieder hatte er aus dem keineswegs unattraktiven Angebot der verfügbaren Damen allein sie auserwählt. Seither hatte sie sich viel zu oft dabei ertappt, wie dieser Mann ihr durch den Kopf ging. Sie wollte das um keinen Preis und konnte doch nicht anders als an ihn denken, umso mehr noch, da Fabian sie seit dem Ausbruch der Pandemie derart vernachlässigte. Der Franzose, das spürte sie mit jeder Faser ihres Körpers, könnte ihr gefährlich werden. Der Sex mit ihm war phänomenal, wie von einem anderen Stern. Aber sie durfte ihn auf keinen Fall nah an sich heranlassen, ihr Leben war bereits in der jetzigen Konstellation kompliziert genug. Für einen dritten Mann neben Leo und Fabian gab es einfach keinen Raum mehr, auch wenn momentan keiner von beiden für sie verfügbar war. Falls er, was sie inständig hoffte, was jedoch auch in den Sternen stand, tatsächlich am nächsten Treffen teilnähme, würde sie sich dem Franzosen hingeben wie schon die beiden Male zuvor, seinem unersättlichen Verlangen und seiner souveränen Meisterschaft des geborenen Verwöhners. Sie würde sich gehen lassen, sich ihm ganz überantworten und ihn benutzen, alles zu dem einzigen Zweck, ihre leeren Batterien, was sie mehr denn je zu brauchen schien, randvoll aufzufüllen.

Mit einem Mal fiel ihr ein, dass im Zeichen der Pandemie die Grenzen zwischen dem Elsass und Baden geschlossen waren. Ihre Laune sank auf den Nullpunkt. Da war es, das vielbesungene Europa, da war die rühmliche europäische Idee – kaum trat eine Krise ein, besannen sich alle Staaten in Windeseile auf ihre nationalen Interessen. Aber ganz gleich, ob der Franzose kommen würde oder nicht, sie würde das nächste Treffen nicht verpassen, um keinen Preis in der Welt. Diese konfuse Zeit forderte eine geradezu grausame Selbstkasteiung von ihr, die sie nur dann in der Lage war durchzuhalten, wenn sie ein Ventil fand, um ihre Frustration abzulassen.

Manchmal hatte sie das Gefühl, als würde jemand ihr die Luft zum Atmen abschnüren.

17 Machtspielchen

Emilia brannte. Der heiß ersehnte Tag des nächsten Treffens von *secretmeetings* war ihrem subjektiven Empfinden nach viel zu langsam, aber letztlich dennoch unaufhaltsam näher gerückt. Auch wenn dieses Mal der ihr den Verstand raubende Franzose, um den ihre Gedanken viel zu oft kreisten, aufgrund der immer noch aktuellen Grenzschließung aller Voraussicht nach nicht teilnehmen würde, bemächtigte sich ihrer eine stetig wachsende Spannung. Es war kaum noch auszuhalten, sie brauchte einfach einen Mann, besser noch mehrere, nacheinander oder gleichzeitig, und ihr war es ganz gleich, wer das sein würde. Ihr Innerstes fühlte sich an wie ein flüssiger Kern, gefüllt mit wogendem Magma, bereit zur Eruption. Sie wollte nur noch eins: sich nach allen Regeln der Kunst durchvögeln lassen. Das ist mein verfluchtes Schlampengen, dachte sie.

Nie zuvor hatte es in ihrem Leben so etwas wie Langeweile gegeben. Jetzt musste sie sich eingestehen, sie verfügte mit einem Mal über einen gigantischen Überschuss an Zeit, eine Folge dieses unerträglichen, von der Politik verhängten Ausgehverbotes. Ihr wöchentliches Training der *Martial Arts*-Gruppe fiel nach Lage der Dinge bis auf Weiteres aus, ebenso wie der *Zumba*-Kurs, an dem sie zweimal in der Woche teilnahm. Seit Beginn des Ausgehverbotes behalf Emilia sich mit *Pilates*-Übungen, zu welchen sie ihre Gymnastikmatte vor dem Garderobenspiegel ausrollte. Echten Spaß empfand sie dabei nicht; es fehlten Menschen um sie herum, aber sie wollte keinesfalls auf Sport verzichten, weil sie befürchtete, ihr Körper würde erschlaffen und am Ende noch Fett ansetzen. Es war besser als die Hände in den Schoß zu legen und bis zum Ende dieses Ausnahmezustandes gar nichts zu tun. Immerhin war sie eine Schlampe mit preußischer Disziplin.

Unaufhaltsam weiter fortschreitend auch verfestigte sich die Einsicht in ihr, dass die anfangs himmelhohe Befriedigung über Leos Einkerkerung ihr nicht mehr alles bedeutete. Sie hatte exzessiv Rache an ihm genommen, sie spürte ihre uneingeschränkte Macht, die sie ihn täglich kosten ließ, und ihre Rolle als seine Wärterin erfüllte sie immer noch mit höchster Genugtuung. Aber die Pandemie hatte etwas verändert. Noch vor gar nicht langer Zeit hatte sie ungezählte Stunden damit verbracht, Leo über den Monitor zu beobachten, gleich einem Raubtier im Zoo. Jetzt genügte ihr das nicht mehr. Ihr fehlte etwas. Sie wollte raus, raus aus diesem Käfig gedoppelter Gefangenschaft, raus aus der Ausweglosigkeit, welche sie an Leo kettete und raus ihrem ganz persönlichen Kerker, welcher ihr von der Pandemie aufgezwungen wurde.

Emilia schaute auf den Kalender. Heute war der 7. April. Morgen endlich würde sie am Ziel ihrer Wünsche sein. Es musste etwas geschehen. Immer noch vernachlässigte Fabian sie sträflich. Seit Wochen hatte er keinen einzigen freien Tag gehabt. Er musste völlig überarbeitet sein, am körperlichen und mentalen Limit. Vermutlich war das der Hauptgrund, warum es so brodelte in ihr: dass sie sich viel zu lange nicht gesehen hatten. Sie vermisste ihn sehr, vor allem weil Fabian, von Leo einmal abgesehen, es wie kein Zweiter verstand, diesen permanenten Druck von ihr zu nehmen.

Die Wetterprognose für den morgigen Tag sagte keinerlei Niederschläge vorher. Die Temperatur würde für die Jahreszeit zu mild sein, aber optimal für ihr Vorhaben. Sie hoffte inständig, dass trotz der Pandemie sich genügend Teilnehmer einfinden würden. Wie immer bewunderte Emilia die perfekte Organisation des Treffens. Die Zeit war angesetzt auf den Beginn der Dämmerung, so dass auch bei fehlender Beleuchtung im Wäldchen noch Einzelheiten zu erkennen wären, und der Ort konnte wieder einmal nicht besser ausgewählt sein. Der Parkplatz am Baggersee Kehl hatte sich mehrfach bewährt als Ort der Treffen.

Emilia ging mit einem Becher Milchkaffee ins Wohnzimmer und schaltete instinktiv den Bunkermonitor ein. Es dauerte einige Sekunden, bevor das Bild erschien, die immer gleiche Totale. Leo stand vor seinem Bett, den Rücken der Kamera zugewandt. Er war nackt. Der Anblick seines muskulösen Rückens und seines strammen Hinterns entzückte sie. Als wollte er ihr zu verstehen geben, dass er genau wusste, sie beobachtete ihn in diesem Moment, wandte er seinen Kopf ins Halbprofil und lachte triumphierend. Dann, beim zweiten Hinschauen, begriff Emilia sein Verhalten. Er bewegte seine für sie vor dem Körper nicht sichtbare Hand in gleichmäßigem, schnellem Rhythmus, aber es gab keinen Zweifel darüber, was er da tat. Leo masturbierte, und er genoss es demonstrativ, das vor ihren Augen zu tun. Und nicht Scham ließ ihn mit dem Rücken zu ihr stehen, sondern eine perverse Lust daran, seiner Betrachterin ein wenig Qual zuzufügen. Er wollte sie ganz bewusst demütigen, in der einzig ihm verbliebenen Weise. Nichts anderes bedeutete das als: schau her, ich treibe es mit mir selbst, und du bist nicht dabei, obwohl du dich nach mir verzehrst!

Emilia zitterte am ganzen Körper. Ein Feuerstrom, glutheiß, flutete ihre Adern. Sie stellte den Kaffeebecher ab und zog ihren Slip aus. Erregt spreizte sie die Beine, den linken Fuß legte sie über die Sessellehne. Ihr Atem ging schwer, die Brust wogte auf und ab. Langsam begann sie sich mit der Rechten zu massieren, während sie wie hypnotisiert unverwandt auf den Monitor starrte.

Als er kam, drehte er sich ins Profil, so dass sie sehen konnte, wie er auf sein Bett ejakulierte. Leo warf den Kopf in den Nacken und wandte dann ganz langsam, wie in Zeitlupe, den Blick direkt in das Auge der Kamera.

Emilia kannte seine perfiden Spielchen zur Genüge und war nicht bereit, ihm auch nur den geringsten Triumph zu gönnen. Während sie laut keuchend dem Höhepunkt zustrebte, drückte sie mit der Linken den Knopf der Gegensprechanlage und ließ ihn mithören, was sie tat. Sie sah deutlich, wie er zusammenzuckte und sein höhnisches Grinsen einer plötzlichen Grimasse der Wut wich. Und dann, war es das Hochgefühl ihres abermaligen Sieges über ihn oder doch die raffinierte Technik der Massage, die sie einst niemand anderem als Leo abgeschaut hatte, dessen unersättliche Zunge und magische Finger dieses kleine Wunder erstmals an ihr bewirkt hatten: auch Emilia ejakulierte laut stöhnend. Ein Schwall eruptiver Flüssigkeit schoss aus ihrem

Schoß auf den seidenen *Na'in*, den Jahrzehnte alten Perserteppich von unschätzbarem Wert, den ihr Vater einst von einer Reise nach Isfahan mitgebracht hatte, und eine in solcher Intensität lange schon nicht mehr erlebte Befriedigung ließ sie glücklich und erschöpft zurück in den Sessel sinken.

- Schlampe! flüsterte er noch, bevor sie die Gegensprechanlage ausschaltete.

Abends, als sie ihm sein Essen brachte, erwähnte er den Vorfall mit keiner Silbe. Er lobte ihre Kochkünste in den höchsten Tönen, obwohl sie, als kleine Vergeltung für seine Vorstellung, die Mahlzeit mit voller Absicht versalzen hatte. Leo sollte nicht auf die Idee kommen, er könne sich Dinge herausnehmen, mit denen er sie provozieren wollte und die dann ungesühnt blieben.

- Ganz köstlich, schwärmte er, um sich keine Blöße zu geben.
- Ist es nicht ein wenig zu laff? Willst du vielleicht noch mit Salz nachwürzen? fragte Emilia scheinheilig.
- Nein, Schatz, perfekt wie immer, log er und zog eine verzückte Miene größtmöglichen Genusses.

Die Revolten, die er mit seinen beschränkten Mitteln immer wieder gegen sie anzettelte, fand sie in ihrer Hilflosigkeit rührend, ja fast niedlich und vergleichbar einem trotzigen Kind, aber sie war dennoch nicht gewillt, ihm solche Attacken auf ihre absolute Hoheit durchgehen zu lassen. Ihre Machtspielchen kannten nur eine Siegerin, und das hatte sie zu sein.

Bereits beim Aufwachen am nächsten Morgen spürte sie wieder dieses glühende Fieber in sich kreisen. Sie schlug die Augen auf, und da war noch in all der süßen Schläfrigkeit das klare Bewusstsein, heute würde es geschehen. Emilia räkelte sich lasziv im Bett. Die Morgensonne erkletterte den Himmel und warf ein Viereck aus Licht durch das Fenster auf ihr Laken. Was für ein wunderbarer Tag ihrer da harrte!

Wie auf Wolken schwebte sie durch den strahlenden Vormittag, aß ein Haferflocken-Müsli mit Gojibeeren, trank ein Glas Mandelmilch und schaute auf der verborgenen Webseite von *secretmeetings* nach eventuellen Updates hinsichtlich des heutigen Treffens. Später am Vormittag machte sie sich einen Latte Macchiato. Gut gelaunt schaltete sie das Radio ein, den SWR 3, und summte fröhlich das Lied mit, das gerade gespielt wurde.

Kurz nach Mittag bereitete sie für Leo und sich selbst je einen Obstteller mit Joghurt. Sie mischte verschiedene Früchte, Himbeeren, Apfelstücke, eine kleingeschnittene Banane und eine gewürfelte Mango zu einem Obstsalat und gab einen Klecks fettarmer Joghurt obenauf. Als sie fertig war, trug sie beide Teller auf einem Tablett hinunter zum Bunker. Wie üblich wies sie Leo an, sich in Position zu stellen, überprüfte im Monitor, ob er ihr Folge leistete, und betrat dann den Bunker.

Lächelnd stellte sie den für ihn bestimmten Teller auf seinen Tisch und lockerte daraufhin vom außen neben dem Eingang befindlichen Bedienmanual seine Ketten, damit er sitzen und essen konnte. Das gestrige Scharmützel schien vergessen. Auch Leo schaute sie lächelnd an. Dann nahm Emilia mit ihrem Teller außerhalb seiner Reichweite am anderen Ende des Bunkers Platz.

- Guten Appetit, wünschte sie leutselig.
- Lass es dir schmecken, mein Schatz, entgegnete er.

Noch war die gemeinsame Mahlzeit nicht beendet, als sie laut und deutlich die Haustürklingel läuten hörte.

- Wer zum Teufel mag das sein? Ich erwarte niemanden, sagte sie, etwas verärgert über die Störung.
- Bestimmt jemand, der deinen Gemahl befreien möchte, antwortete Leo, aber da hatte sie schon den Raum verlassen und die Türe hinter sich geschlossen.

Es läutete zum zweiten Mal, ungeduldiger und länger als beim ersten Mal.

Hastig öffnete Emilia die Türe. Draußen auf dem Weg stand eine blonde Frau. Sie mochte im gleichen Alter wie sie selbst sein und hatte ein hübsches, etwas schüchternes Lächeln, das unter einer in diesem Moment abgenommenen Atemschutzmaske hervorschaute. Gekleidet war sie in Jeans und eine burgunderfarbene Jacke. Die schulterlangen Haare hatte sie durch einen Reif gebändigt, was ihr ein offenes und sympathisches Erscheinungsbild verlieh. Dennoch wirkte sie erkennbar angespannt.

Emilia konnte sich eines unbestimmten Gefühls nicht erwehren, dass sie ihr bereits irgendwann einmal über den Weg gelaufen sein musste, aber sie konnte sich auf Anhieb nicht erinnern, wann und wo das gewesen war. Freundlich fragend schaute sie die Frau an, die Türklinke in der Hand. Im gleichen Moment, in dem es ihr wie ein Blitz einfiel, warum sie ihr so bekannt vorkam, ergriff die Frau das Wort und sagte:

- Bitte entschuldigen Sie vielmals, dass ich hier so unangemeldet auftauche. Ich würde Sie nicht belästigen, wenn es für mich nicht um Leben und Tod ginge. Mein Name ist Yvonne Leonhard, und ich bin auf der Suche nach meinem Mann.

18 Yvonne und Emilia

Sehr früh am Morgen hatte Yvonne ihre Schwester Veronika im Altenheim angerufen und sie bestürmt, ihr zu helfen. Zur Erklärung hatte sie angeführt, es gäbe nach all den Jahren endlich eine heiße Spur von Leo, in ihrer Aufregung jedoch keine weiteren Details genannt. Sie würde alles berichten, wenn sie dem Hinweis nachgegangen wäre. Aber sie bräuchte, da sie wegen der aktuellen Ansteckungsgefahr nicht mit dem Zug fahren konnte, dringend Veras Wagen und für den heutigen Tag eine Betreuung der Kinder, die sie weder mitnehmen noch unbeaufsichtigt lassen konnte. Ihre Schwester wehrte zunächst ab und hielt dagegen, es wäre unmöglich für sie, so völlig unvorbereitet einfach alles stehen und liegen zu lassen. Außerdem sei das gesamte Altenheim immer noch in strikter Quarantäne, und niemand, selbst sie als Chefin, dürfe das Haus verlassen. Doch Yvonne bettelte so lange, bis ihre Schwester schließlich einwilligte.

Zwei Stunden später traf Veronika bei ihr am Gereonswall ein, übergab ihr die Autoschlüssel und freute sich darauf, zur Abwechslung von ihrem zurzeit kaum zu bewältigenden Arbeitsalltag einen unbeschwerten Tag mit ihrem Neffen und ihrer Nichte verbringen zu können. Yvonne bedankte sich überschwänglich und sagte, sie sei unendlich erleichtert und dankbar, dass ihre Schwester solch ein Risiko für sie einging. Nicht allein hatte Vera auf abenteuerliche Weise das Altenheim durch den Lieferanteneingang im

Kellergeschoss verlassen und damit gegen das ausdrückliche Ausgehverbot verstoßen, sie musste bei Entdeckung zudem mit schwersten Disziplinarmaßnahmen bis hin zum Verlust ihrer Arbeitsstelle rechnen. Zum Glück verfügte sie über verlässliche Mitarbeiter, die ihr nach Kräften den Rücken freihielten.

Yvonne fuhr den Seat über die Zoobrücke auf die A3. Sie hatte die im Pass Leonhard von Noltings angegebene Adresse ins Navigationsgerät eingetippt, das unmittelbar danach die Route berechnete, und ließ sich von den Anweisungen leiten. Die Straßen waren wie leer gefegt, eine der vielen befremdlichen Auswirkungen der Krise, die alles lahm legte. Sie kam gut voran, ohne den geringsten Stau. Hinter Wiesbaden wechselte sie auf die Autobahn Richtung Basel. Einhundertundsiebzig Kilometer weiter Richtung Süden nahm sie die Ausfahrt Baden-Baden und folgte dem Zubringer in die Stadtmitte. Sie fuhr durch einen langen Tunnel, verließ ihn kurz vor seinem Ende an der einzigen Ausfahrtmöglichkeit und bog links in die Stadt ab. Das Navigationssystem führte sie linker Hand vorbei an Casino und Kurhaus. Fast versteckt und ganz abrupt, dass sie die Einmündung um ein Haar verpasst hätte, tat sich unmittelbar hinter einem monumentalen, sandfarbenen Hotelbau die parallel zur Werderstraße beginnende Kaiser-Wilhelm-Straße auf. In letzter Sekunde bog sie ab und folgte einem verschlungenen Straßenverlauf mit einer Haarnadelkurve in ein von imposanten Gründerzeitvillen beherrschtes Viertel. Dann hatte sie ihr Ziel erreicht. Yvonne schaute auf die

Armatur. Es war 13.30 Uhr. Exakt drei Stunden hatte sie für die Fahrt von Köln hierher benötigt.

Sie blieb noch einen Augenblick im Wagen sitzen, bevor sie den Sicherheitsgurt löste und den Mut fand auszusteigen. Ihr Atem beschleunigte hörbar. Sie konnte nicht sagen, was genau sie von diesem Besuch erwartete, bestenfalls einen Anhaltspunkt oder vielleicht sogar die fundierte Aufklärung über Leos Verbleib, schlimmstenfalls würde sie gar nichts in Erfahrung bringen. Aber jetzt war sie hier, und sie musste, ja sie wollte es wagen. Ihr wurde ein wenig schwindelig, auch weil sie in der Eile vor ihrer Abfahrt kein Frühstück zu sich genommen hatte und ihr Kreislauf verrücktspielte.

Die Villa in der Kaiser-Wilhelm-Straße war ein elegantes, eingeschossiges Haus im Bauhaus-Stil, mit leuchtend weiß gestrichenen Wänden, Flachdach und errichtet als zwei im rechten Winkel aneinander stoßende Gebäude. Eine kleine Bruchsteinmauer mit einem obenauf eingelassenen, schmiedeeisernen Zaun begrenzte das Grundstück zur Straße hin. Ein von weißen Kieselsteinen gesäumter Weg aus Granitplatten führte durch den Vorgarten zur Eingangstüre. Kugelförmig gestutzte Buchsbäume standen auf dem gepflegten Rasen, die Fontäne eines Springbrunnens plätscherte leise. Sein Wasser fiel durch einen Ablauf herab in einen großen Teich, in dem bunte Kois inmitten von Wasserpflanzen schwammen. Zwischen zwei Spalieren mit Kletterrosen, an denen ein erstes, zartes Frühlingsgrün keimte, erhob sich die schneeweiße Marmorstatue eines Engels. Bewundernd schaute Yvonne auf das Anwesen. Es vermittelte den unbedingten Eindruck von Wohlstand und erlesenem Geschmack, doch sie nahm das alles in ihrer Aufregung nur wie durch einen diffusen Schleier wahr.

Zögernd betrat sie den Weg zum Haus, die Atemschutzmaske angelegt. Konzentriere dich! hämmerte sie sich ein, du schaffst das! Ihr Puls raste. Neben der Eingangstüre aus weiß lackiertem Holz befand sich ein Klingelknopf mit einem Namensschild aus ziseliertem Kupfer. Florale Motive waren kunstvoll in das Metall eingekerbt und rankten sich um den in der Mitte prangenden Namen. *Von Nolting* stand da in geschwungenen Lettern. Sie hob die Hand, um zu klingeln, und zog sie im gleichen Moment wieder zurück. Bebend vor Erregung stieß sie Atem aus und inhalierte die feuchte Gartenluft durch das Vlies tief in ihre Lungen. Dann drückte sie den Klingelknopf und trat zwei Meter zurück.

Nichts geschah. Yvonne wartete. Ein Anflug von Panik überkam sie. Sie weigerte sich zu glauben, dass sie den ganzen langen Weg womöglich umsonst gemacht hatte. Vielleicht hätte sie die Telefonnummer Leonhard von Noltings in Erfahrung bringen, sich vor ihrem Kommen anmelden müssen. Die Sekunden verstrichen nahezu endlos dahin. Sie klingelte nochmals, länger, dringender. Dann hörte sie Schritte hallen, als würde im Haus eilig eine Treppe erstiegen. Die Schritte näherten sich. Steinfußboden, ging Yvonne durch den Kopf.

Als die Tür geöffnet wurde, nahm sie als Geste der Höflichkeit die ihr Gesicht verbergende Atemschutzmaske ab und versuchte ein ungelenkes Lächeln. Im Eingang der Villa stand eine Frau. Sie war sportlich schlank, ungefähr im gleichen Alter wie sie selbst, hatte hellbraune, bis auf die Schultern wallende Locken und trug ein überaus dezentes, aber nichtsdestoweniger perfektes Makeup. Yvonne verschlug es fast dem Atem. Die Frau war von einer berückenden Schönheit. Gekleidet in einen ihre makellose Figur betonenden, hellgrauen Hausanzug mit einem bogenförmigen Schriftzug aus Strasssteinen auf der Brust stand sie in der Tür wie in einem Bilderrahmen.

Gebannt von ihrer beeindruckenden Erscheinung suchte Yvonne nach Worten.

- Bitte entschuldigen Sie vielmals, dass ich hier so unangemeldet auftauche. Ich würde Sie nicht belästigen, wenn es für mich nicht um Leben und Tod ginge. Mein Name ist Yvonne Leonhard, und ich bin auf der Suche nach meinem Mann, sagte sie und war froh, sich nicht zu verhaspeln.

Die Frau schaute sie freundlich an, aber auch ein wenig irritiert. Dann antwortete sie:

- Wenn es so pressiert, bin ich gern bereit zu helfen, aber was genau kann ich in dieser Angelegenheit für Sie tun? Sie suchen Ihren Mann doch wohl kaum hier.

Alles was Yvonne sich während der dreistündigen Fahrt hierher an Worten zurechtgelegt hatte, war auf einen Schlag verschwunden.

- Ich weiß, es ist eine Zumutung, aber könnten Sie vielleicht ein paar Minuten für mich erübrigen.

Sicher muss es Ihnen sehr befremdlich erscheinen, dass ich mit meinem Problem gerade hierher zu Ihnen gekommen bin, doch ich würde Ihnen das liebend gern erklären, sagte sie mit klopfendem Herzen.

Die Frau in der Tür nickte zustimmend und antwortete:

- Dann ist es wohl am besten, Sie kommen einen Moment herein.

Emilia dachte, sie durchlebte gerade einen Alptraum, doch sie bemühte sich, festen Schrittes voran in die Küche zu gehen und auf keinen Fall ihren Schrecken zu zeigen. Verzweifelt suchte sie nach einer wirksamen Strategie, wie sie das bestmöglich überstehen konnte. In der Küche bot sie Yvonne einen Stuhl an, lehnte sich aber selbst in gebührendem Abstand an die Front des Geschirrschranks. Dort stand sie mit übereinander geschlagenen Füßen und die Arme vor der Brust verschränkt.

- Wie, sagten Sie, war doch gleich Ihr Name? fragte sie die Besucherin.
- Yvonne Leonhard, aus Köln, antwortete diese.
- Angenehm, ich bin Emilia von Nolting, stellte sie sich vor.

Die Frau namens Yvonne, Leos andere Frau, griff in ihre Handtasche und holte einen Reisepass hervor.

- Sie müssen wissen, dass mein Mann Philipp Leonhard seit fünf Jahren verschollen ist, und es gibt seither keinerlei Hinweise auf seinen Verbleib. Dennoch habe ich die Hoffnung niemals aufgegeben, dass er noch lebt. Und dann fand ich gestern bei der Durchsicht seiner persönlichen Dinge zufällig diesen Pass mit seinem Foto. Doch der im Pass ausgewiesene Name lautet nicht Philipp Leonhard, sondern Leonhard von Nolting und seine Adresse ist angegeben als hier in diesem Haus, Kaiser-Wilhelm-Straße, Baden-Baden. In meinem Kopf dreht sich seit gestern alles, ich habe Fragen über Fragen, ich weiß nicht mehr weiter, und ich bin hergekommen in der Hoffnung, vielleicht bei Ihnen Antworten zu finden, klagte sie.

Auch in Emilias Kopf kreisten unablässig die Gedanken. Angestrengt überlegte sie, was zu tun war.

- Darf ich den Pass einmal sehen, bat sie und streckte die Hand aus.

Yvonne reichte ihr das Dokument, das Emilia aufschlug. Es war Leos Pass, ohne Zweifel. Und das hier drohte sich zu einer äußerst fatalen Situation auszuwachsen. Dann hatte sie urplötzlich eine Idee.

- Wirklich in höchstem Maße erstaunlich, diese Angelegenheit! Das ist ganz ohne Zweifel der Reisepass meines Mannes Leonhard von Nolting. Ich erinnere mich, dass er ihn vor einigen Jahren bei einer Reise verloren hat. Aber Sie sagen doch, das Foto zeigte Ihren Mann, wie hieß er: Philipp? Philipp Leonhard? Das ist absolut unmöglich, ich erkenne doch meinen Mann. Das ist sein Pass, und das ist sein Bild, sagte sie.

- Ich kann mir das ebenso wenig erklären wie Sie, antwortete Yvonne.
- Und welch ein Zufall, dass beide Männer Leonhard heißen, der eine mit Vornamen, der andere mit Familiennamen.
- Genau das kam auch mir bereits in den Sinn, stimmte Yvonne ihr zu.

Für einen Moment trat eine gespenstisch anmutende Stille ein. Beide schwiegen und dachten nach, was als nächstes zu tun war. Dann fragte Yvonne:

- Wo ist denn Ihr Mann jetzt? Könnte ich ihn denn eventuell einmal kurz sprechen?
- Mein Mann ist Arzt im hiesigen Klinikum. Ich könnte anrufen und fragen, wann er heute Dienstende hat. Zurzeit sehen wir uns kaum, da er aufgrund der Pandemie in Sonderschichten rund um die Uhr im Einsatz ist und meist auch im Krankenhaus übernachtet.

Emilia wartete Yvonnes Antwort nicht erst ab, sondern griff spontan zum Telefon und rief im Kontaktspeicher Fabians Durchwahl auf. Sie wollte Yvonne so schnell wie möglich loswerden, bevor sie am Ende noch Verdacht schöpfte oder gar etwas herausfand, und das konnte sie nur mit einer abgefeimten kleinen Komödie erreichen. Das Freizeichen ertönte. Nach dem dritten Läuten hob Fabian ab.

- Leo, mein Schatz, hier spricht deine einzige und dich liebende Gattin, die du hoffentlich ebenso vermisst wie sie dich, sagte Emilia mit einer nur ihm verständlichen, alarmierenden Überbetonung.

Yvonne verstand seine Antwort nicht, aber sie glaubte zu erraten, was er sagte. Emilia fuhr für sie hörbar fort:

- Ist es wohl ausnahmsweise möglich, dass du heute nach Dienstschluss heim kommst? Hier bei mir ist eine Frau mit Namen Yvonne Leonhard. Sie sucht ihren verschollenen Mann und hat durch einen ganz merkwürdigen Zufall unter seinen Sachen deinen Reisepass gefunden. Ja, genau: den du vor Jahren verloren hast. Absolut rätselhaft, nicht wahr?

Wieder machte Emilia eine Pause und lauschte in den Telefonhörer.

- Ich weiß, deine Anwesenheit in der Klinik ist unbedingt erforderlich, aber Frau Leonhard ist eigens von Köln hierhergekommen, um vielleicht Aufschluss über den Verbleib ihres Mannes zu erhalten. Übrigens scheint er dir sehr ähnlich zu sehen, denn sie behauptet, auf dem Foto in deinem Pass wäre er abgebildet. Also wenn es irgend möglich ist, dann komm doch bitte her. Sie wirkt sehr verzweifelt. Okay, gut, dann bis später, sagte sie, immer wieder unterbrochen von seinen Antworten, und stellte schließlich den Hörer zurück in die Station.

Yvonne schaute sie erwartungsvoll an. Bereitwillig gab Emilia ihr Auskunft:

- Mein Mann wird so gegen 18.00 Uhr hier sein können. Ich muss Ihnen nahezu dankbar sein, denn momentan gestattet sein Beruf ihm keine Sekunde Freizeit. So sehe auch ich ihn endlich einmal wieder.

- Das ist wirklich sehr freundlich von Ihnen, vielen Dank. Ich weiß gar nicht, was ich sagen soll, sagte Yvonne.
- Aber ich bitte Sie. Ich verstehe Ihre Not und helfe wirklich gern. Nur fürchte ich, dass Sie bei uns jede Information über Ihren Mann vergeblich suchen werden, und ich glaube auch nicht, dass mein Mann irgendetwas zur Aufklärung beitragen kann, meinte Emilia mit scheinheiliger Anteilnahme.
- In jedem Fall bin ich erst einmal froh über Ihr Entgegenkommen. Das weiß ich einer für Sie wildfremden Person gegenüber sehr zu schätzen, bedankte sich Yvonne.
- Keine Ursache, entgegnete Emilia mit einem verbindlichen Lächeln, von dem sie hoffte, es überspiele ihre innere Anspannung.

Die beiden Frauen schauten einander abwartend an. Emilia bemühte sich, dem Blick Yvonnes nicht auszuweichen. Auf keinen Fall würde sie die Nebenbuhlerin bitten zu bleiben, bis Fabian einträfe. Das erschien ihr viel zu gefährlich, obwohl der Bunker verrammelt und schalldicht war.

- Wie wollen wir es dann machen? Soll ich es gegen 18.00 Uhr nochmals bei Ihnen versuchen? fragte Yvonne schließlich.
- Ich glaube, das wäre das Sinnvollste. Zwar haben Sie mich überaus neugierig gemacht, und ich würde

gern mehr über Ihre Geschichte erfahren, aber ich bin leider bereits spät dran. Ich habe meinen Schwiegereltern versprochen, Einkäufe für sie zu übernehmen, und werde wohl auch kaum vor 18.00 Uhr zurück sein. Vielleicht lassen Sie einfach Ihre Mobilfunknummer da, dann kann ich Sie anrufen, wenn wir zuhause sind, schlug Emilia vor.

Natürlich war das eine faustdicke Lüge. Sie hatte keinerlei Pläne für den Nachmittag, aber sie musste unbedingt in Ruhe an einer wasserdichten Geschichte basteln, um diese lästige Frau ein für alle Male loszuwerden.

Immerhin würde Fabian später kommen und hoffentlich auch die Nacht mit ihr verbringen. Das bedeutete aber gleichzeitig, dass sie das für den heutigen Abend anberaumte und von ihr so sehnsüchtig erwartete Treffen von *secretmeetings* abhaken konnte.

19 Fabian, Emilia und Yvonne

Als junges Mädchen, erinnerte sich Yvonne, hatte sie mit ihren Eltern einmal eine Urlaubswoche in Baden-Baden verbracht. Damals, sie musste etwa sechzehn gewesen sein, war ihr die Stadt, die als eine der schönsten Städte im ganzen Land galt, als sehr mondän erschienen mit ihren Luxusgeschäften, den Kolonnaden am Kurpark, den altehrwürdigen Hotels und weitläufigen Parkanlagen entlang des Flüsschens Oos. Heute, inmitten der Pandemie, hatte es sich wie ein Dornröschenschlaf über das weltberühmte Kurbad gelegt. Nur wenige Menschen waren auf den Straßen unterwegs. Es herrschte eine fast beängstigende Stille. Sämtliche Restaurants und Läden waren geschlossen, nur auf der Treppe vor der Bäckerei am Leopoldsplatz stand eine Menschenschlange und wartete geduldig und vermummt mit Masken auf Einlass. Alle Wartenden achteten penibel darauf, genügenden Abstand einzuhalten.

Ein plötzliches Gefühl von Hunger überfiel Yvonne, kein Wunder, dachte sie, denn sie hatte heute noch nichts gegessen. Viele Alternativen zur Verpflegung gab es nicht in dieser bedrückenden Zeit, und so stellte sie sich ans Ende der Schlange vor der Bäckerei. Steile Treppenstufen führten von der schmalen Straße hinauf zum Ladeneingang, auf jeder dritten Stufe stand ein wartender Kunde in Reih und Glied.

Eine sanfte Frühlingsbrise wehte durch den Kurpark. Auch der ansonsten von prallem Leben erfüllte Ort war menschenleer. Sie hatte auf einem der hier überall für die Gäste stehenden weißen Holzstühle Platz genommen, unmittelbar gegenüber vom mächtigen Kurhaus mit seiner nicht weniger imposanten Säulenhalle, an welche sich das Casino anschloss, und aß ein belegtes Brötchen, das sie in der Bäckerei gekauft hatte. Der heiße Kaffee aus einem Pappbecher belebte ihre Sinne ein wenig.

Yvonne hatte den Seat auf der Kaiser-Wilhelm-Straße stehen lassen und war die wenigen Schritte in die Stadt zu Fuß gegangen. Sie überlegte, wie sie die Stunden bis 18.00 Uhr verbringen sollte, bevor sie Leonhard von Nolting treffen würde. Laut aktuellem Stand der Erkenntnisse war es selbst mit Maske mehr als bedenklich, sich irgendwo in geschlossenen Räumen aufzuhalten. Ohnehin befand sich die ganze Stadt im *Lockdown*. Es blieb ihr nichts übrig, als die Wartezeit draußen im Freien zu überbrücken. Sie konnte spazieren gehen, durch die Parks, am Flüsschen entlang oder auch durch die Altstadt bis hinauf zum Neuen Schloss steigen. Zum Glück spielte das Wetter mit. Sonne und Wolken wechselten sich ab, es war trocken und mild. Und überall duftete es nach Frühling.

Wieder schaute sie auf die Uhr. Die Zeit schien festzukleben. Noch drei Stunden. Yvonne ging langsam durch den Kurpark und betrat an seinem nördlichen Ende den von korinthischen Säulen getragenen Wandelgang der Trinkhalle mit seinen wunderschönen Fresken, doch sie hatte kein Auge für die Wandmalereien. Sie vermochte an nichts anderes zu denken als an die verwirrenden Ereignisse, die seit gestern ihr Leben auf den Kopf stellten.

Sie musste dringend ihre Schwester anrufen und spürte gleichzeitig einen Druck auf der Blase. Vermutlich stellte es ein Problem dar, jetzt wo alles geschlossen war, eine öffentliche Toilette zu finden. Yvonne machte sich auf den Weg durch die Lichtentaler Allee, vorbei am lichten Bau des neuen Museums, doch es widerstrebte ihrem Anstandsgefühl, sich in dieser gepflegten Umgebung einfach hinter den nächsten Busch zu hocken, um dem Drang nachzugeben. Sie überquerte die Fremersbergstraße und stand zur ihrer großen Erleichterung vor einem alten Toilettenhäuschen, doch die Freude währte nicht lange, denn es war verschlossen. Noch zögernd schaute Yvonne sich um. Weit und breit war niemand zu sehen. Da ging sie kurzentschlossen um das Häuschen herum, an dessen von Sträuchern bewachsener Rückseite sie vor Blicken geschützt war, zog Jeans und Slip auf die Knie und hockte sich hin.

Als sie zuhause anrief, hob Yannick aufgeregt ab.

- Mami, wann kommst du zurück? fragte er atemlos.
- Heute Abend, aber es wird spät, antwortete sie.

Im Hintergrund rief Annalena:

- Mami, Mami!

Dann sprach Yvonne kurz mit Veronika und sagte ihr, sie würde voraussichtlich nicht vor 22.00 Uhr zurück sein, da sie noch um 18.00 Uhr einen wichtigen Termin wahrnehmen musste.

- Bitte halte so lang die Stellung. Ich erkläre dir alles, sobald ich wieder da bin, Schwesterchen, sagte sie und beendete das Gespräch mit einem langen Seufzer.

Tief in Gedanken versunken ging sie die Allee entlang, vorbei an verlassenen Tennisplätzen. Links wisperte die Oos und floss an einem streng symmetrisch angelegten Park vorbei, dessen Mittelpunkt ein großer Brunnen darstellte. Yvonne bog ab in die Gartenanlage und setzte sich auf eine der weißen Bänke. Zu viele Fragen stürmten auf sie ein. Was würde das Gespräch mit Leonhard von Nolting ihr offenbaren? Wie kam ihr Mann in den Besitz seines Passes? Was hatte es mit der verblüffenden Ähnlichkeit der beiden auf sich? Emilia behauptete steif und fest, auf dem Foto im Pass sei ihr Mann abgebildet, während Yvonne sich sicher war, es war niemand anderes als Leo, Philipp Leonhard, ihr Mann.

Die Zeit schlich dahin. Später saß sie gegenüber einer weitläufigen Reitbahn in einem Pavillon aus dem 19. Jahrhundert, der laut einer davor befindlichen Tafel einst im Garten Edouard Bénazets, seines Zeichens Spielbankpächter und einer der großzügigsten Gönner der Stadt, gestanden hatte. Wie die gesamte Stadt Baden-Baden verströmte das kleine Gartenhaus eine betörende Aura lange verblichenen Glanzes. Auch das nahm sie nur am Rande wahr.

Am Kloster Lichtental schaute sie zum unzähligsten Mal auf die Uhr und kehrte um. Pünktlich um 18.00 Uhr fand sie sich an der Villa von Leonhard und Emilia von Nolting ein, ohne dass sie von dort angerufen worden war. Sie läutete.

Emilia hatte den Nachmittag in nicht weniger großer Anspannung verlebt. Gleich nachdem Yvonne gegangen war, hatte sie Fabian nochmals angerufen, um das gemeinsame Vorgehen mit ihm zu besprechen. Natürlich würde er alles tun, was sie von ihm verlangte. Ihr Plan sah vor, Yvonne seine zumindest auf Fotos erkennbare Ähnlichkeit mit Leo vorzuführen und damit den auch nur leisesten Verdacht gleich im Keim zu ersticken, dass sie beide mit ein und demselben Mann verheiratet waren, dem gleichen Mann, den sie in ihrem Bunker gefangen hielt. Fabian würde sich, legitimiert von dem Passbild und beglaubigt von dem Yvonne dreist aufgetischten Märchen, als Leonhard von Nolting ausgeben.

Kurz war Emilia mit einem Teller belegter Brote zu Leo in den Bunker herabgestiegen, hatte ihm jedoch kein Wort von ihrem unverhofften Besuch erzählt. Vermutlich hätte er einen Tobsuchtsanfall erlitten. Sie war sich keineswegs sicher darüber, ob sie es ihm, selbst nach Yvonnes Abfahrt, überhaupt mitteilen würde. Das könnte seine Stimmung nachhaltig verändern. In der Zeit seiner Einkerkerung hatte sich seine immer schon problematische Reizbarkeit nie gelegt, er taktierte nur geschickter, ein schlummernder, aber jederzeit zum Ausbruch neigender Vulkan.

Um Punkt 18.00 Uhr ertönte die Türklingel. Fabian besaß einen Hausschlüssel, seitdem Leo im Bunker war, also konnte es nur Yvonne sein. Emilia öffnete und empfing sie mit gespielter Fröhlichkeit:

- Ah, Frau Leonhard. Mein Mann ist noch nicht da, wird aber gleich kommen. Er rief mich unterwegs aus dem Auto an. Aber bitte, kommen Sie doch herein!
- Sehr freundlich, vielen Dank, entgegnete Yvonne, die Atemschutzmaske in der Hand.
- Vielleicht gehen wir ins Wohnzimmer, da haben wir es gemütlicher und auch mehr Platz, schlug Emilia vor und ging voraus.
- Sie haben es wirklich sehr schön hier, sagte Yvonne bewundernd.

Im geräumigen Salon saßen sie sich auf zwei Sesseln gegenüber, im Abstand von mehreren Metern. Emilia bat eben ihre Besucherin, von ihrem Mann zu erzählen, als sie hörte, wie der Schlüssel sich in der Eingangstüre umdrehte.

- Ah, da ist mein Mann, sagte sie erleichtert.

Der Mann, der das Zimmer betrat, war nicht Leo, war nicht ihr Mann. Yvonne wusste im ersten Moment nicht, ob sie froh oder enttäuscht sein sollte. Gewiss: er hatte einige Ähnlichkeit mit ihm, ihre Statur war fast die gleiche, der Schnitt des Gesichts verblüffend vertraut, fast wie bei zwei Brüdern. Aber seine Haare hatten einen deutlichen Stich ins Rote, und seine Art sich zu bewegen, war anders, weniger kraftvoll. Das Schicksal, dachte sie, spielte ihr abermals einen grausamen Streich.

Lächelnd ging er zu Emilia, gab ihr einen Kuss und sagte liebevoll:

- Hallo mein Schatz, lange nicht gesehen.
- Und doch gleich wieder erkannt, scherzte Emilia und hoffte nur, ihre Nervosität war ihr nicht anzumerken.

Dann wandte er sich zu Yvonne und stellte sich höflich lächelnd, vor:

- Leonhard von Nolting, freut mich sehr, Sie kennenzulernen. Auf den Handschlag verzichten wir wohl besser!
- Yvonne Leonhard, freut mich ebenso. Und auch Ihnen meinen herzlichen Dank für Ihr Entgegenkommen, antwortete sie.
- Aber ich bitte Sie, sagte er freundlich und verbeugte sich leicht.
- Emilia, du hast unserem Gast gar nichts zu trinken angeboten, rügte er dann seine Frau scherzhaft und öffnete einen im Durchgang zum Esszimmer befindlichen Barschrank.
- Absolut unverzeihlich von mir, entgegnete sie und dachte im gleichen Moment, das hier durfte auf keinen Fall in eine langatmige Farce ausarten. Sie wollte diesen gefährlichen Besuch einfach nur schnell hinter sich bringen.

- Möchten die Damen denn etwas trinken, fragte der Gastgeber.

Yvonne verneinte dankend, ebenso Emilia, die Alkohol ablehnte, um einen klaren Kopf zu behalten. Fabian schenkte sich einen Cognac ein.

- Meine Frau hat heute Mittag am Telefon in groben Zügen vom Zweck Ihres Besuchs berichtet, aber ich weiß immer noch nicht, in welcher Form ich Ihnen weiter helfen kann, begann er, als er auf der schweren Ledercouch Platz genommen und einen Schluck getrunken hatte.
- Das weiß ich selbst nicht so genau. Es ist alles so verwirrend. Ich hatte gehofft, bei Ihnen einen Hinweis zu erhalten auf den Verbleib meines Mannes. Vielleicht bringt es ein wenig Licht in die Angelegenheit, wenn Sie sich erinnern, wann und wo genau Sie Ihren Pass verloren haben, sagte Yvonne.

Fabian schlug die Beine übereinander und lehnte sich zurück in die Polster. Er spielte den nachdenklich Konzentrierten sehr überzeugend, das musste Emilia ihm lassen.

- Lassen Sie mich überlegen, das ist ein paar Jahre her. Ich denke, es muss auf einem pharmazeutischen Kongress in Stuttgart gewesen sein, zu dem ich als Gastredner eingeladen war, unmittelbar nachdem ich von einer USA-Reise zurückgekommen bin. Soweit ich annehme, hatte ich den Pass in meinem Kulturbeutel aufbewahrt, und da muss er vermutlich im Hotel abhanden gekommen sein, spann er den Faden seiner Geschichte.

Emilia schaute auf Yvonne, gespannt ob sie ihm das Märchen abnehmen würde. Zumindest, dachte sie, war es genial konstruiert: ein pharmazeutischer Kongress, der ideale Anknüpfungspunkt zu Leos Profession, Wege, die sich gekreuzt haben konnten. Der Einfall war ihr gekommen, als sie nachmittags verzweifelt nach einer für Yvonne nachvollziehbaren Legende gesucht hatte.

Yvonne neigte den Kopf zur Seite und verarbeitete das soeben Gehörte. Die Erklärung erschien ihr durchaus nicht unlogisch. Leo hatte oft an medizinischen Kongressen teilgenommen. Es konnte sehr gut sein, dass er bei einer solchen Gelegenheit den Pass gefunden hatte. Sie überlegte einen Moment. Dann nickte sie zustimmend und fragte gleichzeitig:

- Ich bin halt mehr oder weniger auf Spekulationen angewiesen, und das klingt für mich nach einer hohen Wahrscheinlichkeit. Sie müssen wissen, mein Mann war Pharmareferent, und die Chance, an einem Kongress teilgenommen zu haben, den auch Sie besucht haben, besteht mit einer hohen Wahrscheinlichkeit. Aber was ich nicht verstehen kann ist, warum hat er den Pass nicht sogleich seinem Eigentümer zurückgegeben, wo Name und Adresse ihm doch bekannt waren?
- Das ist wirklich merkwürdig. Vielleicht wegen der Ähnlichkeit auf dem Foto und dem Namen Leonhard. Ihr Mann empfand heimlich Spaß daran, einen falschen Pass und eine neue Identität zur Verfügung

zu haben, selbst wenn er nie Gebrauch davon gemacht hat, äußerte Emilia eine kaum abwegige Vermutung.

- Merkwürdig ja, aber für mich damals auch sehr ärgerlich. Es war mit vielen unnötigen Behördengängen verbunden, fügte ihr Mann an.
- Es tut mir leid, dass Sie solche Umstände hatten, auch noch heute durch meinen Besuch. Ich muss mich für meinen Mann entschuldigen, was immer seine Motive gewesen sein mochten, meinte Yvonne zerknirscht.
- Aber nicht doch. Uns tut es leid, dass Sie letztendlich nicht weitergekommen sind bei Ihrer Recherche, denn viel konnten wir ja nicht zur Aufklärung beitragen, sagte Fabian.

Yvonne erhob sich.

- Dann will ich Sie nicht weiter belästigen. Ich habe auch noch ein gutes Stück Fahrt vor mir, und meine Kinder warten auf mich, sagte sie leise, ihre Enttäuschung kaum verhehlend.
- Alles Gute für Sie, wünschte Emilia, ihre Erleichterung nicht länger zurückhaltend.
- Ich bringe Sie zur Tür, sagte Fabian und begleitete Yvonne durch den Flur.
- Ganz herzlichen Dank nochmals für Ihre Hilfe. Das war keineswegs selbstverständlich, sagte sie, doch ihr Lächeln war gequält.

- Es war wenig genug. Gute Fahrt, und auch von mir alles Gute, meinte Fabian.

Er winkte ihr zum Abschied freundlich zu, als sie den Seat wendete und losfuhr.

Auf der Autobahn konnte sie nicht verhindern, dass eine Tränenflut ihre Wangen herablief. Sie wischte sich die Augen, doch die Straße lag vor ihr wie im Nebelschleier. Zum Glück waren kaum Autos unterwegs.

Für ein derart läppisches Resultat war sie die ganze Strecke gefahren. Ihre übersteigerte Fantasie trug die Schuld, sie hatte sich in die völlig absurde Idee verrannt, mit dieser dilettantischen Nachforschung und aufgrund eines denkbar vagen Anhaltspunktes ihren verschollenen Mann aufzuspüren. Sie war müde, desillusioniert und obendrein wütend, keinen Schritt weitergekommen zu sein.

Warum bloß hatte Leo diesen verfluchten Pass behalten? Und eine solche schicksalhafte Verkettung von Zufällen: der Name, die Ähnlichkeit, die verwandten Berufe, war das alles zu glauben? Immerhin hatte die Auflösung des Ganzen, auch wenn dabei einige Punkte der Mutmaßung unterlagen, die aufgeworfenen Fragen zufriedenstellend beantwortet. Aber dennoch: Yvonne vermochte ein diffuses, ihr selbst kaum erklärbares Unbehagen nicht völlig beiseite zu wischen. Irgendetwas erschien ihr faul an der Sache.

Sie fuhr eben am Darmstädter Kreuz vorbei, als ihr in einem plötzlichen Geistesblitz der Grund für ihre immer noch schwelenden Zweifel einfiel. Es erforderte einige

Konzentration, beim Autofahren das genaue Geschehen zu rekonstruieren. Leonhard von Nolting hatte sie aus dem Wohnzimmer hinaus begleitet. Dann war ihr auf dem Weg zur Türe im Flur eine schwarze Ledertasche ins Auge gefallen, die dort unter der Garderobe stand. Es war eher keine Tasche, die man einem Arzt zuordnen würde, sondern ein typischer Musterkoffer, wie ihn zum Beispiel Pharmareferenten bei ihren Kundenbesuchen bei sich trugen. Yvonne war sich absolut sicher. Exakt denselben Musterkoffer hatte Leo gehabt. Und dieser Koffer war damals mit ihm verschwunden.

20 Rückkehr

Natürlich war auf dem Gereonswall um diese Zeit kein Parkplatz mehr frei, und erst zwei Straßen weiter fand Yvonne eine schmale Bucht, wo sie den Seat halb vor einer Torausfahrt abstellte. Für die kurze Weile, bis Vera mit ihm heimfuhr, würde das gehen.

Als sie ihre Haustüre erreichte, wurde dort eben der Bote eines Lieferdienstes eingelassen, dessen Wagen laut stotternd und mit qualmendem Motor in der zweiten Reihe neben den geparkten Autos hielt. Er ging vor ihr her in den Flur, zwei prall gefüllte weiße Plastikbeutel an der Hand, aus denen der Geruch von fettigen und stark gewürzten Speisen strömte. Mechanisch schaute Yvonne im Briefkasten nach Post und hörte hinter der Flurecke den Boten mit Mandy Junghain sprechen.

- Zweimal Schaschlik/ Doppelpommes, zweimal Currywurst/ Doppelpommes, zweimal Jägerschnitzel/ Doppelpommes, zwei große Cola, macht zusammen neunundddreißig Euro, zählte er vor.
- Stimmt so, sagte Mandy, vermutlich hatte sie ihm vierzig Euro gegeben.

Yvonne wartete, bis der Lieferbote an ihr vorüber war und das Haus verlassen hatte. Dann horchte sie darauf, dass die Wohnungstüre der Junghains geschlossen wurde, bevor sie leise durch den Flur ging und die Treppe hochstieg. Sie verspürte nicht die mindeste Lust, nach dem anstrengenden

Tag noch diesem Pack zu begegnen. Auch trug sie die Pistole nicht bei sich und fühlte sich schutzlos.

Sie schüttelte den Kopf über die Essenslieferung. Die Geschwister lebten, so viel hatte sie mitbekommen, auf ihrem eigenen Planeten seliger Ignoranz, gänzlich abgekapselt von den bösen Zumutungen der rationalen Welt. Niemals hatte Yvonne bemerkt, dass sie Besuch von Gästen hatten, was den Schluss nahelegte, diese soeben vom Boten angelieferten und schier unvorstellbaren Mengen ungesunden Fraßes waren ausschließlich für sie selbst bestimmt. Allmählich erhielt sie eine ungefähre Vorstellung davon, woher die unappetitlichen Fettmassen von Ruben und Mandy Junghain resultierten.

Leise, um die Kinder nicht zu wecken, schloss sie die Tür zur ihrer Wohnung auf. Drinnen war es still, allein unterdrückte Stimmen drangen aus dem Wohnzimmer. Wie sie erwartet hatte, schliefen Yannick und Annalena bereits, und auch Veronika war vor dem laufenden Fernseher eingenickt. Yvonne schaltete das Gerät aus, setzte sich zu ihr aufs Sofa und streichelte sanft über ihre Hand.

Schläfrig blinzelnd erwachte ihre Schwester und lächelte sie an.

- Du bist zurück, Schwesterherz, sagte sie.
- Was für ein Tag! klagte Yvonne und rieb sich mit Daumen und Zeigefinger der Linken die Augen.
- Jetzt erzähle endlich: was war? Ich platze vor Neugier, forderte Vera sie auf.

- Zuerst du! Alles in Ordnung mit den Kindern? Hattet ihr einen schönen Tag? fragte Yvonne.
- Traumhaft! Die beiden sind so lieb. Wir waren am Rhein spazieren, haben einen Kuchen gebacken, mittags haben beide eine Stunde geschlafen, dann haben wir gespielt und ein bisschen Fernsehen geschaut. Die Tante war glücklich, und ich glaube, die zwei haben es auch genossen, schwärmte Veronika.
- Ach, da bin ich froh. Ich dachte schon, es wäre eine Zumutung für dich, atmete Yvonne auf.
- Überhaupt nicht, es war toll. Aber jetzt schieß mal los! Was war das für ein Termin heute? wollte Vera wissen.

Yvonne konnte die Tränen der Enttäuschung nicht länger zurückhalten. Laut schluchzte sie auf:

- Es war eine total hirnrissige Idee von mir, und gebracht hat sie absolut gar nichts. Ich bin völlig umsonst den weiten Weg gefahren.

Vera nahm sie in den Arm und tröstete sie:

- Unsinn, du musstest das tun, du hättest keine Ruhe gehabt, wenn du es nicht getan hättest.
- Ich war so blöd, so unvorstellbar naiv, und dich habe ich auch noch damit hineingezogen, sagte Yvonne immer noch unter Tränen.
- Aber Schwesterchen, das tue ich doch gern für dich, meinte Vera.
- Ich habe mir eingeredet, ich könnte endlich eine Spur von Leo entdecken. Ich vermisse ihn doch so

sehr, und die Kinder werden ganz ohne ihren Vater groß, schluchzte Yvonne wieder auf.

Als sie sich endlich soweit beruhigt hatte, dass sie nicht mehr weinte, berichtete sie der Schwester alles, was vorgefallen war, vom Moment an, wo sie den Reisepass in Leos Sachen gefunden hatte, über ihre überbordend verrückten Hoffnungen bis zur ernüchternden Begegnung mit Leonhard von Nolting, die sie zurück auf den Boden Tatsachen gebracht hatte.

Eine kurze Weile saßen beide schweigend nebeneinander. Vera hielt immer noch nachdenklich Yvonnes Hand. In ihrem Kopf rotierten die Gedanken. Dann fand sie die Zeit für eine kleine Ansprache gekommen:

- Yvonne, bitte hör mir einmal zu: du musst, verstehst du, du musst endlich los lassen! Ich mache mir wirklich Sorgen um dich. Wie lange ist Leo jetzt verschwunden? Fünf Jahre? Du musst dich allmählich damit abfinden, dass er niemals zurückkommen wird. Würde er noch leben, hätte er sich doch längst gemeldet. Wer weiß, was ihm zugestoßen ist. Ich kann mir nicht vorstellen, dass er einfach so seine Familie im Stich gelassen hat. Und deine beim kleinsten Funken wieder aufflammende Hoffnung, die wirft dich immer nur zurück. Schau nach vorne! Das bist du dir und den Kindern schuldig.
- Ich sehe das ja selbst, aber es ist so schwer. Diese Ungewissheit, was mit ihm sein mag, was ihm geschehen ist, wo er sich aufhält, die macht mich wahnsinnig, sagte Yvonne leise.

- Du wirst es, wenn nicht ein Wunder geschieht, nie erfahren, deshalb sei stark und begrabe endlich den Gedanken, er würde eines Tages zurückkommen! Nur so findest du inneren Frieden, meinte Vera eindringlich.
- Vermutlich hast du recht, doch ihn so einfach aufzugeben erscheint mir wie eine riesige und frevlerische Treulosigkeit, wandte Yvonne ein.

In diesem Augenblick ertönte aus der unter ihnen liegenden Wohnung der Geschwister Junghain dröhnende Musik in einer ohrenbetäubenden Lautstärke. Die Bässe wummerten so laut, dass der Boden unter ihren Füssen erzitterte. Yvonne schaute Veronika an, die ein entsetztes Gesicht zog.

- Mein Gott, gleich werden die Kinder wach.
- Sind das wieder die Proleten unter dir? fragte Vera.
- Du kannst dir nicht vorstellen, was ich mit denen für Probleme habe, antwortete Yvonne.
- Lass mich das machen, sagte Vera und war auch schon im Treppenhaus verschwunden.

Yvonne suchte hektisch im Schrank nach ihrer Pistole, um Veronika im Notfall beistehen zu können, denn sie kannte die unberechenbare Gewalttätigkeit Rubens zur Genüge. Dann eilte sie ebenfalls ins Treppenhaus, wo sie ihre Schwester wütend gegen die Wohnungstüre der Junghains hämmern hörte. Dann wurde die Tür aufgerissen, und Ruben Junghains röhrendes Organ erschallte von unten herauf durchs Haus:

- Sach ma, tickst du noch ganz sauber? Wat machst du hier so ‘n Aufriss, hä?
- Ich mache noch einen ganz anderen Aufriss, wenn Sie nicht auf der Stelle die Musik leiser machen! Was denken Sie sich dabei? Da oben schlafen Kinder. Meine Schwester ruft sofort die Polizei, herrschte Vera ihn an.
- Ich scheiß mir gleich in die Hose, schnauzte Ruben zurück.

Aus der geöffneten Wohnungstüre drang die schrille Stimme seiner Schwester:

- Ey, deine Pommes wer‘n kalt. Komm her, sonst fress‘ ich die!
- Halts Maul, Alte!
- Wass’n da überhaupt los? rief Mandy Junghain und schob ihre tätowierten Fleischmassen in den Türrahmen, in der Hand einen Einwegteller, aus dem sie mit einer Plastikgabel Pommes frites aus einer undefinierbaren Sauce pickte.

Ihr Bruder rülpste. Vom Treppenabsatz aus sah Yvonne, wie sein Hüftspeck aus der unter seinem voluminösen Bauch klemmenden Jogginghose hervorquoll. Mandy trug ein von Schmutzflecken übersätes Trägerhemdchen und eine kurze Hose, welche ihre Ekel erregenden Fettrollen kaum zu bändigen wusste.

- Der beknackten Tussi hier ist unsere Mucke zu laut, hahaha, lachte Ruben und hatte urplötzlich Vera bei der Kehle gepackt.

- Scheiß drauf! fluchte Mandy unter lautem Schmatzen.

In diesem Moment hatte Yvonne die Gruppe erreicht. Scheinbar spielend wog sie die Pistole in ihrer Hand.

- Die Herrschaften in diesem asozialen Sumpf sprechen nur eine Sprache, sagte sie und richtete die Waffe auf Ruben. Sie hoffte inständig, dass er nicht das Zittern ihrer Hand bemerkte.
- Los lassen! Sofort! befahl sie laut.

Im Angesicht der auf ihn gerichteten Waffe tat Ruben, wie ihm geheißen, und nahm deutlich eingeschüchtert seine fetten Wurstfinger von Veras Kehle. In seinen Augen flackerte Angst. Veronika befühlte ungläubig ihren Hals, als könne sie nicht fassen, was ihr da soeben widerfahren war.

- Ey Scheiße, die Alte hat echt ‘ne Knarre, meinte Mandy ungläubig.
- Du hast uns asozial genannt, du notgeile Fotze, meine Schwester hat dat auch gehört. Ich zeig dich an wegen Beleidigung, schrie Ruben aufgebracht, aber es war auch die Wut der Ohnmacht, ein weiteres Mal in die Schranken verwiesen zu werden.

Yvonne nahm all ihren Mut zusammen und sagte mit fester Stimme zu Mandy Junghain:

- Wenn Sie Ihren Bruder ohne Schusswunde zurück haben wollen, dann gehen Sie jetzt sofort rein und stellen die Musik aus, haben Sie das verstanden? Und sollte so etwas nochmals vorkommen, hole ich wirklich die Polizei.

- Iss ja gut, maulte Mandy und verschwand schmatzend im Inneren der Wohnung, wo die Musik abrupt verstummte.
- Und für Sie gilt das, was ich Ihnen bei unserer letzten Begegnung bereits mitgeteilt habe: halten Sie sich fern von dem Treppenhaus, wenn wir dort sind. Außerdem werde ich nicht zögern, beim geringsten Verstoß gegen die Hausordnung Maßnahmen einzuleiten, sagte Yvonne zu Ruben, der sich fluchtartig umdrehte und die Tür hinter sich ins Schloss warf.

Oben in ihrer Wohnung schaute sie als erstes besorgt nach den Kindern, doch die beiden schliefen tief und fest. Dann sagte sie totenbleich zu ihrer Schwester:

- Ich halte es wirklich keinen Tag länger aus in diesem Haus.
- Oh mein Gott, was sind das nur für Leute? Du hast ja schon von ihnen erzählt, aber das war ja der blanke Horror, meinte Vera entsetzt.
- Ja, und genau das hat mir noch gefehlt an diesem Tag, seufzte Yvonne.
- Du musst dringend schlafen, und ich glaube, für mich wird es auch Zeit. Ich muss zurück ins Heim. Kann ich dich denn jetzt überhaupt allein lassen? fragte Veronika.
- Aber sicher, fahre nur. Du hast mir schon genug deiner Zeit geopfert. Ich danke dir so sehr für deine Unterstützung, sagte Yvonne, nahm die Schwester

zum Abschied in den Arm und rief leise hinter ihr her:

- Ach ja, dein Wagen steht auf der Ritterstraße Ecke Gereonswall.

Im Türrahmen horchte sie noch, bis die Haustür hinter Vera ins Schloss fiel, bevor sie entkräftet und mutlos ins Wohnzimmer ging und auf ihr Sofa sank. Eine Weile lag sie einfach nur da und atmete. Später ging sie ins Bad und stellte die Dusche an. In der Nacht fand sie kaum Schlaf.

Als Yvonne, müde und mit bleiernen Knochen, am nächsten Tag aus der Wohnung trat und hinunter zum Briefkasten gehen wollte, schlug ihr aus dem Treppenhaus ein ekelerregender Gestank entgegen, der den ganzen Flur erfüllte und ihr schlichtweg den Atem nahm. Die Ursache für die verpestete Luft erblickte sie auf dem Treppenabsatz. Dort lag ein Haufen halbflüssiger Exkremente, den, eine andere Möglichkeit bestand wohl kaum, die Geschwister Junghain als Rache für die gestrige Maßregelung hinterlassen hatten. Ein heftiges Würgen stieg in Yvonnes Kehle, und sie kämpfte gegen den Brechreiz.

Wutentbrannt stürmte sie zurück in die Wohnung, riss das Telefon aus der Station und wählte mit zitternden Fingern die Nummer des Amtes. Aber diesmal war es nicht das Ordnungsamt, mit dem sie sich verbinden ließ. Als die Telefonzentrale das Gespräch annahm, verlangte sie das Jugendamt zu sprechen.

21 Intensivstation

Seit Tagen platzte die intensivmedizinische Station des Klinikums Hohenbaden aus allen Nähten. Sämtliche Ärzte, Schwestern, Pfleger arbeiteten rund um die Uhr in ausgedehnten Schichten, welche alle an die Grenzen ihrer körperlichen und mentalen Leistungsfähigkeit brachten. Mit atemberaubender Geschwindigkeit verbreitete sich das Virus, und noch hatte niemand ein probates Mittel gefunden, um dieser alles überrollenden Epidemie Einhalt zu gebieten.

In normalen Zeiten verfügte die Intensivstation über genügend Beatmungsgeräte, die nunmehr ausschließlich für mit dem Virus infizierte Patienten mit schwerstem Krankheitsverlauf bestimmt waren. Zweimal bereits hatte die Kapazität der vorhandenen Geräte nicht ausgereicht, weil zur gleichen Zeit eine hohe Anzahl Schwerkranker künstlich beatmet werden mussten. Beide Male sah sich Doktor Fabian Erbach mit der schier unmenschlichen Aufgabe konfrontiert, als Herr über Leben und Tod entscheiden zu müssen, wer an die Beatmungsgeräte angeschlossen wurde und wer nicht. Er verbrachte schlaflose Nächte in der Qual seines Gewissens, als Arzt die Schuld am Tod von Menschen zu tragen, denen er Hilfe verweigern musste.

Das dritte Mal aber drohte ihm das Blut in den Adern zu gefrieren. Wieder einmal stand nur ein einziges freies Beatmungsgerät zur Verfügung, als eines Abends nahezu zeitgleich zwei Patienten mit äußerst instabilem Zustand eingeliefert wurden, zunächst eine dreißigjährige, adipöse Frau, deren Krankenakte eine hochgradige Vorschädigung in

Form eines Diabetes aufzeigte, und deren Überlebenschancen nach Fabians Einschätzung unbedingt von sofortiger künstlicher Beatmung abhängig waren. Der andere Patient, ein älterer Mann von siebenundsechzig Jahren, war seinem Wissen nach kerngesund, gehörte jedoch aufgrund seines fortgeschrittenen Alters zur stark gefährdeten Risikogruppe. Er hatte einen Großteil seines Lebens hinter sich, während die junge Frau dasselbe bei einer Genesung noch vor sich haben könnte. Fabian musste sich eingestehen, dass die zu fällende Entscheidung seine ganze Kraft überstieg. Wer bin ich, dachte er, dass ich Menschen, die meine Hilfe benötigen, dem sicheren Tod überantworten muss, wer bin ich und was macht das mit mir? Es erfüllte ihn mit grenzenlosem Kummer, nicht verhindern zu können, dass die Patientin nach zwei Tagen auf der Intensivstation einen qualvollen Erstickungstod starb, während auf seine Veranlassung hin der ältere Mann an das Beatmungsgerät angeschlossen worden war. Und doch hatte er bei dieser Entscheidung keinen Moment gezögert, denn der schwere Symptome zeigende Mann war sein Vater Armin Erbach.

Am 14. April, dem Dienstag nach Ostern, tauschte ein Mitarbeiter der Stadtwerke Baden-Baden im Haus von Fabians Eltern in Geroldsau den Stromzähler gegen ein neueres, digitales Modell aus. Bei seinem per Einwurfkarte angekündigten Termin trug er ganz vorschriftsmäßig Atemschutzmaske und Einmalhandschuhe und hielt konsequent den empfohlenen Mindestabstand von zwei Metern zu dem sein Tun beaufsichtigenden Hausherrn ein. Während der in blaue Arbeitsschutzkleidung gewandete Mitarbeiter den alten Zähler aus seiner Verankerung löste, überkam ihn ein heftiges Niesen, worauf er für einen Moment die Maske abnahm und sich die Nase schnäuzte.

- Upps, da ist wohl ein kleiner Schnupfen im Anmarsch, scherzte er und fuhr fort in seiner Arbeit.

Vier Tage später klagte Armin Erbach über von hohem Fieber begleitete Schwindelanfälle, er hatte Halsschmerzen, Kopfweh, er hustete, und Rotz lief aus seiner Nase. In ihrer Not rief seine Frau, mehr als einen bloß grippalen Infekt befürchtend, einen Krankenwagen, der ihn auf der Stelle ins Klinikum Hohenbaden transportierte. Dort tat der sofort herbeigerufene Fabian Dienst und nahm voller Sorge den Vater in Empfang. Der bei der Erstuntersuchung in diesen Zeiten routinemäßige Speicheltest auf das Virus ergab einen positiven Befund. Armin Erbach war definitiv infiziert, er litt bereits an massiven Beschwerden der Atemwegsorgane. Sein Zustand verschlechterte sich beängstigend schnell, er wurde sofort auf die Intensivstation verlegt, und eine künstliche Beatmung erschien Fabian unerlässlich.

Fabian hatte keine Erklärung für die so völlig unvermittelte Erkrankung seines Vaters. Wie konnte es möglich sein, dass er sich in der strengen häuslichen Quarantäne infiziert hatte? Er rief seine Mutter an, besorgt, auch sie könne Symptome haben, doch sie fühlte sich gut. Und auf seine Fragen hin wusste sie lediglich eine einzige Möglichkeit, wie ihr Mann sich angesteckt haben konnte, beim Besuch des Mitarbeiters der Stadtwerke. Fabian war wütend über die

Leichtsinnigkeit des städtischen Unternehmens, das seine Kunden in dieser unwägbaren Zeit auf solch fahrlässige Weise gefährdete. In einem Telefonat mit dem zuständigen Abteilungsleiter brachte er seine Empörung deutlich zum Ausdruck und verlangte von ihm eine lückenlose Verfolgung möglicher Infektionsketten bei sämtlichen ihm unterstellten Mitarbeitern, um eine Weiterverbreitung des Virus zu verhindern.

Armin Erbach verstarb am 28. April an gleichzeitigem Lungenkollaps und Nierenversagen. Die von seinem Sohn umgehend autorisierte Obduktion im Institut für Pathologie in Lahr stellte gravierende Veränderungen an seinen Organen fest. In Absprache mit den Medizinern des Klinikums Hohenbaden wurde die Fachwelt über diese bislang nicht bekannten, aber überaus beunruhigenden Folgen des Virus umgehend informiert. Der Austausch nahezu täglich neuer und dennoch immer nur vorläufiger Erkenntnisse zeigte, dass inzwischen derartige Organschäden bei den nach Infektion mit dem Virus Verstorbenen weltweit gehäuft auftraten und die Ratlosigkeit der Ärzte in seiner Bekämpfung noch vergrößerten.

Rätselhaft blieb auch die Tatsache, dass bei Tilda Erbach, die doch auf engstem Raum mit ihrem Mann zusammen gelebt hatte, der sofort anberaumte und in kurzen Abständen zweimal wiederholte Test negativ ausfiel. Sie hatte sich definitiv nicht infiziert.

In den letzten Tagen seines Vaters war Fabian, so oft es der Dienst in dieser stressigen Zeit erlaubte, an seiner Seite gewesen, steril vermummt bis zur Grenze der Unkenntlichkeit, hatte seine Hand gehalten, ihm Trost zugesprochen und ihm unermüdlich Hoffnung gemacht, dass Besserung und vollständige Genesung bald eintreten würden. Zur gleichen Zeit konstatierte sein ärztlicher Scharfblick den wahren Zustand des Patienten, was ihm Tränen der Verzweiflung in die Augen trieb. Armin Erbach konnte kaum mehr sprechen, er bekam keine Luft, und mit seinen letzten Worten, die er nur noch als ein heiseres Flüstern zuwege brachte, sagte er zu seinem Sohn:

- Mein lieber Junge, geh zu deiner Mutter und lass dir die Mappe geben! Sag ihr, ich will es so!

Fabian verstand den Sinn dieser Worte nicht und vergaß in seinem ersten Kummer auch, was der Vater ihm aufgetragen hatte. Erst Tage später sollte er sich wieder daran erinnern.

Die in den Zeiten der Pandemie kaum zu schulternde Arbeit im Klinikum, wo seine gesamte Freizeit seit Wochen aus lediglich sechs Stunden täglichem Schlaf bestand, bevor er weiter Dienst tun musste, ohne den Luxus freier Tage oder eines Privatlebens genießen zu können, raubte ihm alle Kraft. Eine Woche nach dem Tod des Vaters fuhr er erstmals zur Mutter nach Geroldsau und fand sie von Trauer zerrissen. Er selbst hatte aufgrund der fortdauernden Überlastung bisher kaum Gelegenheit gehabt, den Schmerz an sich heranzulassen, doch jetzt überwältigte der Verlust beide, Mutter und Sohn. Sie lagen sich stumm in den Armen und weinten.

Später besprachen sie die bei einem Trauerfall anstehenden Dinge: die Liste der per Todesanzeigen zu verständigenden Personen, die aufgrund der Pandemie traurigen, aber letztlich unvermeidlichen Beschränkungen bei der Beerdigungszeremonie, die im Dienst wissenschaftlicher Erkenntnisse erfolgte Obduktion, den trotz streng eingehaltener Quarantäne möglichen Auslöser für die Infektion und, was für seine Mutter ein großer Trost war, Fabians Gegenwart in den letzten Minuten Armin Erbachs. Als die Sprache darauf kam, fielen Fabian mit einem Mal wieder die Worte des Vaters ein, und er berichtete Tilda Erbach von seinem letzten Willen.

Er sah, wie die Mutter in unvermitteltem Schrecken zusammenzuckte und ihn mit großen Augen anschaute. Dann stand sie auf, ging hinüber zum Sekretär und nahm aus einer Schublade eine lederne Dokumentenmappe, die sie vor Fabian auf den Tisch legte.

- Das kommt jetzt wie ein Blitz aus heiterem Himmel für mich und mehr noch für dich, aber wenn Vater es so gewollt hat, dann ist jetzt wohl die Zeit gekommen. Ich wollte dir das damals schon sagen, an deinem achtzehnten Geburtstag, aber Vater hat sich immer dagegen gesträubt, sagte seine Mutter leise.
- Du machst mich wirklich neugierig, was das sein könnte, antwortete Fabian.

Er sah der Mutter die Anspannung deutlich an. Sie atmete schwer und suchte, immer wieder stockend, nach den richtigen Worten:

- Ich weiß gar nicht, wie ich anfangen soll. Das…das wird jetzt nach Vaters Tod ein doppelter Schock für dich. In der Mappe befinden sich deine Geburtsurkunde und alle Unterlagen über …über …deine Adoption. Du musst nun endlich erfahren, dass du nicht unser leibliches Kind bist, Fabian. Wir haben dich vor nunmehr fünfunddreißig Jahren adoptiert.

Fabian erstarrte in plötzlichem Schock. Er glaubte seinen Ohren nicht zu trauen. Im ersten Moment verschlug es ihm die Sprache, er wusste nicht, was er darauf erwidern sollte. Er saß da wie versteinert und blickte die Mutter mit weit aufgerissenen Augen an. Was er da hörte, konnte unmöglich wahr sein. Ganz langsam nur drang das Ungeheuerliche in sein Bewusstsein.

- Ich bin was…? fragte er dann.

Seine Mutter griff zu ihrem Taschentuch. Laut schluchzte sie auf.

- Ich weiß, für dich bricht vielleicht gerade eine Welt zusammen, aber du bist doch trotzdem immer unser Kind, flüsterte sie.
- Ihr habt mich adoptiert? wiederholte Fabian tonlos. Alle Farbe war aus seinem Gesicht gewichen.
- Wir hätten es dir viel früher schon sagen müssen, gestand sie weinend ein.

- Das kommt so völlig unvorbereitet, ich weiß gerade überhaupt nicht, wo mir der Kopf steht. In mir dreht sich alles, stammelte Fabian mit dem sicheren Gefühl, den Boden unter den Füßen zu verlieren.
- Glaube mir, ich möchte dir das gern ersparen, aber du hast wohl endlich ein Recht auf die Wahrheit, und schließlich war es auch Vaters letzter Wille, sagte seine Mutter.

Fabian schwieg. Er ließ den Kopf schwer in seine Hände sinken und versuchte mühsam seine rotierenden Gedanken zu ordnen.

- Als du damals zu uns kamst, warst du sechs Monate alt, und wir haben dich vom ersten Tag in unsere Herzen geschlossen, als wärst du unser eigen Fleisch und Blut, fuhr Tilda unter Tränen fort.
- Aber wie bin ich zu euch gekommen, woher habt ihr mich geholt, fragte er erregt.
- Auskunft über deine Herkunft, zumindest zu einem kleinen Teil, geben die Adoptionspapiere. Ich konnte keine eigenen Kinder bekommen, also haben wir damals den Antrag auf eine Adoption gestellt. Und fast schon hatten wir die Hoffnung aufgegeben, dass das Amt uns berücksichtigen würde. Dann kam zwei Jahre später die Nachricht, sie hätten einen kleinen Jungen für uns. Und wir waren so glücklich, schluchzte sie.
- Aber wer sind dann meine leiblichen Eltern? wollte er wissen.

- Du warst in einem Waisenhaus, weil deine Mutter dich kurz nach der Geburt zur Adoption freigegeben hatte. Wir kannten ihren Namen nicht, und sie wusste zu keiner Zeit, wohin du gekommen warst. Das war nicht gestattet. Alles was ich weiß ist, dass sie drogensüchtig war und völlig überfordert mit der Aufgabe ein Kind groß zu ziehen. Vor dir hatte sie wohl schon zwei ältere Kinder, einen Jungen und ein Mädchen, die sie ebenfalls weggegeben hatte. Die Kinder waren alle von verschiedenen Vätern, mehr hat man uns damals nicht erzählt.

Immer noch fiel es Fabian schwer, einen klaren Gedanken zu fassen. Schließlich sagte er aufatmend:

- Es scheint so, als wäre diese Adoption ein unerhörter Glücksfall für mich gewesen. Sicher hätte mein Leben einen ganz anderen Verlauf genommen, wenn ich im Waisenhaus aufgewachsen wäre oder als das unerwünschte Kind einer alleinerziehenden Drogensüchtigen.

Seine Mutter lächelte unter Tränen.

- Und wenn ich dich so ansehe, was aus dir geworden ist, dann muss ich sagen, dein Vater und ich haben einen verdammt guten Job gemacht. Er war immer so stolz auf dich.
- Und ich bin euch unendlich dankbar für alles, was ihr für mich getan habt. Ohne euch wäre ich niemals der, der ich bin. Und meine Eltern, das seid für alle Zeit allein ihr und niemand sonst, sagte er und umarmte seine Mutter.

Fabian fuhr nicht mehr ins Klinikum nach diesem denkwürdigen Abend. Er blieb in Geroldsau, doch er fand keinen Schlaf in der Nacht. Der Verlust des geliebten Vaters, die in ihrer Trauer versinkende Mutter, er selbst nicht beider Kind, sondern adoptiert und fünfunddreißig Jahre im Unklaren über seine wahre Herkunft gelassen, seine leibliche Mutter eine Drogensüchtige, kein Hinweis, wer sein Vater gewesen sein konnte – das alles stürmte mit Macht auf ihn ein. Fabian wälzte sich hin und her in seinem Bett, er schwitzte und spürte seinen Puls rasen. Die Nacht erschien ihm endlos.

Aber er spürte, da war noch etwas, das wie ein unheimlicher Spuk durch sein Unterbewusstsein geisterte und ihn über alle Maßen beunruhigte, ohne dass er es in Worten zu benennen gewusst hätte.

Gegen Morgen, es wurde bereits hell draußen, schreckte er hoch. Er musste anscheinend doch eine Weile geschlafen haben, nicht lange, denn er fühlte sich wie gerädert. Fabian schaute auf die Uhr. Es war noch nicht Halbsechs.

Und mit einem Mal überfiel ihn eine klare Vorstellung dessen, was, in der quälenden Nacht von ihm nur vage erahnt, sein Hirn gemartert und in ihm dieses Unbehagen verursacht hatte.

Er addierte die wenigen Fakten und die soeben aus dem Ruder laufende Fülle seiner Vermutungen. Die waghalsigsten Theorien stürmten auf ihn ein. Da war die unleugbare Ähnlichkeit mit Leo, von dem er wusste, er war gleichfalls ein Waisenkind. Bisher hatten Emilia, Leo und auch er selbst das für einen Zufall, ein launiges Spiel des Schicksals gehalten, ebenso wie die so unvermittelt aufgetauchte Yvonne, die angesichts der Ähnlichkeit keinen Verdacht geschöpft hatte. Mehr noch auffällig schien auch die Tatsache, dass sie beide zur Adoption freigegeben waren von einer drogenabhängigen Mutter.

Was aber, wenn das alles kein Zufall war? Wenn Leo und er…Fabian weigerte sich, den Gedanken weiter zu spinnen.

Aber er kannte einen absolut unfehlbaren Weg, um sich Klarheit zu verschaffen.

22 Personal Trainer

Ihr Makeup verfärbte die Atemschutzmaske. Sie war in drei Apotheken gewesen, um eine Anzahl Einmalmasken zu erwerben, doch wo sie auch nachfragte, sie waren stets ausverkauft. Und ihre einzige Maske mit den unschönen braunen Flecken konnte sie unmöglich noch länger tragen, das verlieh ihr den Chic einer Asozialen. Sie wusste auch nicht, ob man dieses Material waschen konnte. Es hatte eine undefinierbare Textur irgendwo zwischen Papier, Vlies und Gaze, und es war gut möglich, dass es sich in Wasser auflöste. Ratlosigkeit und Unwissen der Regierung in Berlin hatten, vermutlich weil nirgends lieferbar, Masken anfangs als nutzlos deklariert, bevor mit einem Mal die offizielle Maskenpflicht in geschlossenen Räumen angeordnet wurde. Glücklicherweise hatte Fabian aus der Klinik für sie und seine Eltern Masken abgezweigt, aber Nachschub zu besorgen schien im Moment unmöglich.

Ohnehin tendierte Emilias Stimmung gegen den Nullpunkt. Sie verfluchte die Pandemie, welche mit Anbeginn des Frühjahrs als alles beherrschendes Thema sämtliche Medien erstürmt hatte. Seit Jahren schon konnte sie sich des gespenstischen Gefühls nicht erwehren, dass in dieser Welt eine Katastrophe die andere ablöste, um in der Folge selbst von seriösen Nachrichtenmachern in aller Ausführlichkeit genüsslich breit getreten zu werden. Voller Abscheu erinnerte sie sich an all die düsteren Fakten, die monatelang, manchmal jahrelang ohne Unterlass im Zentrum journalistischer Berichterstattung gestanden hatten und die in ihrer geballten Verbreitung nichts als existenzielle Beklemmung verursachten: die Verbrechen Al Kaidas, der Arabische Frühling, die unvorstellbare Brutalität des Islamischen Staates, die weltweiten Terroranschläge des neuen Jahrtausends, der Staatsbankrott Griechenlands, der Krieg in Syrien, die Annexion der Krim, die lakonisch *Brexit* betitelte Trennung Großbritanniens und der Europäischen Union. Das alles schien nunmehr noch übertroffen zu werden von dieser unsäglichen Pandemie, die sie so radikal in ihrer persönlichen Freiheit einschränkte. Da draußen geschah nichts, was Veränderung brachte. Die Politik war überfordert, die Medizin ohne Plan, längst hatten Leichtsinn und Dummheit die Macht ergriffen, und eine wachsende Gruppe von Ungeduldigen, welche die Existenz des Virus leugneten, gefährdeten das Gemeinwohl. Ununterbrochen berichteten Nachrichten und soziale Medien von sich formierenden Gegenströmungen, die teils mit Gewalt gegen die von der Regierung erlassenen Auflagen demonstrierten. Aber Emilia musste zugeben, dass die teils mit konfusen Argumenten aufwartenden Demonstranten ihre ganzen Sympathien genossen. Es war unzumutbar, diese erzwungenen Beschränkungen noch länger zu befolgen. Sie selbst fühlte sich stark und unantastbar in ihrer perfekten und kerngesunden Jugend, und sie wollte endlich wieder leben.

Gestern erst hatte sie in einer der sich unerträglich häufenden Extrasendungen im Fernsehen ein Interview mit Passanten in einer nächtlichen Großstadt gesehen. Zwei junge, sehr hübsche Frauen mit schwarzem Haar und raffiniertem Make-up, augenscheinlich beide mit arabischen Wurzeln, wurden gefragt, ob sie die von der Politik geratenen Vorsichtsmaßnahmen befolgten. Aufgebracht antwortete die eine:

- Wallah, isch bin dreiunnswansisch, soll isch am Freitack unn Samstack um älff Uhr schlaffen? Isch arbeite die ganse Wochä, am Wochänände will isch raus, isch will feiern, isch will Party, isch bin jung. Was soll mir passieren, wallah?
- Unn wär weiß, ob es das Virus in Äscht wirklisch gibt. Niemand hat es doch gesähn, fiel die andere ein, ihr aus der Kehle sprudelndes Timbre heiser wie eine Zimbel.

Emilia konnte die jungen Frauen gut verstehen, wenngleich sie nicht nur durch Fabians Erfahrungen im Krankenhaus von der Existenz des Virus überzeugt war. Ihre medizinische Berufsausbildung hatte in ihr durchaus ein Bewusstsein dafür entwickelt, dass dieses noch weitgehend unberechenbare Virus für einige Teile der Bevölkerung eine Gefahr bedeuten konnte. Für sogenannte Risikogruppen, alte Menschen und Patienten mit Vorschädigungen, deren Immunsystem geschwächt oder nicht voll funktionsfähig war, schien es durchweg ratsam, in häuslicher Quarantäne zu verweilen und sich mit jeder Form von Kontakten vorzusehen, das hatte sie soeben noch an Fabians Vater hautnah miterleben dürfen. Junge Menschen jedoch wie sie, sportlich fit und auf gesunde Ernährung achtend, bemerkten, falls sie sich infiziert hatten, oft nicht einmal Symptome an sich. Emilia spürte keine Angst vor einer potentiellen Infektion, umso mehr aber wuchsen ihre Ohnmacht und ihre

Frustration, nicht endlich wieder ein normales Leben führen zu können.

Mehr denn je auch war ihr Leo ein Klotz am Bein, Fabian kümmerte sich seit dem Tod seines Vaters mehr um die Mutter als um ihre Bedürfnisse, und auch Wochen nach dem überraschenden Besuch Yvonnes fühlte sie eine Beklemmung, die sich nicht so einfach ausradieren ließ. Sie vermochte so gar nicht abzuschätzen, ob von Yvonnes Seite weitere Nachforschungen ausgehen würden, und diese unentwegt schwelende Ungewissheit bereitete ihr zusätzliches Kopfzerbrechen.

Immer noch ging ihr die direkte Begegnung mit Leos anderer Frau nach. Natürlich konnte sie auf keinem Gebiet mit ihr in Konkurrenz treten. Emilia war reich, elegant, attraktiv, begehrenswert und weltgewandt, eine Frau von Format, nach der sich die Männer umdrehten. Yvonne dagegen war ein biederes kleines Hausmütterchen ohne Glamour und Ausstrahlung. Vermutlich machte Kindererziehung den einzigen Sinn ihres Lebens aus. Ihr Körper war verbraucht von zwei Geburten, stupider Hausarbeit und einem aufreibenden Alltag als der unermüdliche Motor ihrer Familie. Ein solches Leben konnte eine Frau im Zeitraffer verblühen lassen, obwohl ihrer Einschätzung nach der Vergleich Yvonnes mit einer Blume allzu weit hergeholt war. Sie war sympathisch, ja, und bestimmt eine verlässliche Gefährtin, gesegnet mit allen Merkmalen eines unemanzipierten Durchschnittsweibchens, sich kümmernd, langweilig, vermutlich manisch treu und ohne ausschweifende sexuelle

Fantasien geschweige denn Ambitionen. Emilia fragte sich wieder und wieder, was Leo bewogen haben konnte, sich mit so einem glanzlosen, pummeligen, in den Grenzen ihrer schäbigen Mittelmäßigkeit ertrinkenden Muttchen, deren Erscheinungsbild mit knapp über dreißig Jahren eine altbackene Großmütterlichkeit verströmte, zu verheiraten. War es ihr geradezu nach Fortpflanzung schreiendes, ausladend breites Becken, das ihn zwanghaft dazu getrieben hatte, sich dieser Inkarnation einer Gebärmaschine aufzupfropfen, am Ende aus dem alleinigen Grund, weil sie, die kompromisslose Emilia, sich konsequent geweigert hatte, ihm Kinder zu schenken?

Nur widerstrebend gestand sie sich ein, wie sehr die direkte Konfrontation mit Yvonne sie verunsichert, ja: verletzt hatte, und das vor allem aus dem Grund, weil die Mutter von Leos Kindern nicht im entferntesten Emilias Klasse besaß. All ihre mutmaßlichen Vorzüge verblassten im direkten Vergleich beider Frauen, diese Genugtuung blieb Emilia, und dennoch oder gerade auch deshalb tat die pure Existenz dieser drittklassigen Nebenbuhlerin weh.

Ohne Unterlass nagte solch geballter, kaum zu kompensierender und in den letzten Wochen zudem stetig steigender Druck an ihr, und sie verspürte nicht übel Lust, ein bisschen davon an Leo abzulassen.

Wie an jedem Morgen nach dem Frühstück, das aus einer Schale Haferflocken mit Sojamilch und einer in Scheiben geschnittenen Banane bestand, rollte sie die Bodenmatte vor dem Spiegel aus und begann ihre *Pilates*-Übungen. Eine halbe Stunde später zog sie nach intensivem Training den Sportdress aus, ging hinüber ins Bad und stellte die Dusche an. Sie hatte sich ausgepowert, war verschwitzt und genoss zehn Minuten lang den von ihrem straffen Körper abperlenden, lauwarmen Wasserstrahl. Als sie aus der Dusche tretend ein Handtuch nahm und den rechten Fuß auf den Badehocker stellte, um ihr Bein abzutrocknen, durchfuhr sie ein plötzlicher Schrecken. Auf ihrem Oberschenkel zeichnete sich eine Furche ab, nicht tief zwar, aber deutlich zu sehen, und gleich daneben sah sie eine zweite Hautfalte. Emilia prüfte den linken Schenkel und erschrak abermals. Auch dort entdeckte sie erste kleine Anzeichen einer epidermischen Erschlaffung. Das ist diese Scheiß-Pandemie, dachte sie voller Wut. Ihr *Martial Arts*-Training fiel aus, und auch die *Zumba*-Gruppe pausierte immer noch. Ohne regelmäßige sportliche Betätigung war es unmöglich, ihren Körper in perfekter Verfassung zu erhalten, denn er reagierte auf jede Abweichung von seiner gewohnten Kombination aus bewusster Ernährung und intensivem Fitnesstraining mit unnachgiebigem Verfall.

Sie überlegte, was zu tun war. Diese Trainingseinheiten allein zuhause genügten ihr schon lange nicht mehr, und jetzt sah sie wie unter Schock, dass die unfreiwillige Auszeit von ihrem eingespielten und über Jahre bewährten Fitnessplan ihre Figur ruinierte. Vielleicht sollte sie sich einem *personal trainer* anvertrauen. Unter der Anleitung eines Experten konnte sie gezielt die sich erbarmungslos abzeichnende körperlichen Hinfälligkeit angehen. In jedem Fall fühlte sie sich auf sich allein gestellt gerade maßlos überfordert.

Nach dem Duschen fuhr sie den Laptop hoch, um zunächst auf der Webseite von *secretmeetings* eventuelle Updates in Erfahrung zu bringen. Das letzte Treffen im April hatte sie verpasst, weil der Besuch von Yvonne und die sich daran anschließende Übernachtung Fabians ihre Teilnahme durchkreuzt hatten. Beim nächsten Mal würde sie rechtzeitig Sorge tragen, dass ihr nichts dazwischenkam.

Als Emilia nach dem wie immer umständlichen Log-in mit der Zusendung einer Tan-Nummer die Seite durchforstete, fand sie keinerlei Hinweis auf ein bevorstehendes Treffen und loggte sich frustriert wieder aus. Der unangenehme Gedanke beschlich sie, dass die Pandemie auch hier für Einschränkungen sorgte.

Aus einem Gefühl der Langeweile surfte sie noch einige Minuten weiter im Internet, las die reißerischen Schlagzeilen der Microsoft-Nachrichten, die genüsslich verkündeten, welche Prominenten sich mit dem Virus infiziert hatten, erstaunte angesichts der in der Krise immer noch stabilen Börsenkurse und gab dann in eine Suchmaschine die Daten *personal trainer Baden-Baden Umkreis 50km* ein. Nach wenigen Sekunden spuckte die Suche eine Vielzahl von Verweisen aus. Emilia scrollte abwärts, bis sie durch einen Klick Bilder der sich als *personal trainer* Anbietenden aufrief. Dort waren ungezählte Fotos von fitnessgestählten Mustersportlern, die ein auf jeden Kunden speziell maßgeschneidertes Training versprachen. Einige der dort sich präsentierenden Damen und Herren, die sie bereits auf den ersten Blick als einem eher anrüchigen Gewerbe zugehörig klassifizierte, boten ihre Dienste unter dem wenig fantasievollen Deckmantel Fitnesscoaching oder Sportmassage an.

Seit jeher galt Baden-Baden als einer der bevorzugten Tummelplätze der Reichen. In Emilias Kindheit waren es vornehmlich gutbetuchte Europäer, welche die Kureinrichtungen, das Casino oder die weltberühmten Pferderennen besuchten und dem ohnehin mondänen Stadtbild des Kurbades einen weiteren Hauch von Exklusivität verliehen. Sie erinnerte sich an die ihr von ihrem Vater erzählten Geschichten solch legendärer Besucher wie Soraya, der Ex-Kaiserin von Persien, der Begum Aga Khan oder des als Playboy berüchtigten Gunter Sachs, der einmal die Spielbank um zweihundertfünzigtausend Mark erleichtert hatte. Emilia selbst war vor zwei Jahren eines Abends völlig überraschend dem ehemaligen amerikanischen Präsidenten Barack Obama in der Lichtentaler Allee begegnet, der die wenigen Meter von Brenner's Park Hotel zu Fuß spaziert war, um einen Medienpreis entgegenzunehmen.

In vergangenen Jahrhunderten hatten gar Berühmtheiten wie Turgenjew, nach dem heute noch eine Villa benannt war, der leidenschaftliche Spieler Dostojewski, Johannes Brahms und Clara Schumann der Stadt die Ehre gegeben. Und noch früher waren Napoleon III., Zar Alexander von Russland und Kaiser Franz-Joseph von Österreich zu einem Dreikaisergipfel hier im Hotel de l'Angleterre zusammengekommen. Ruhmreiche Zeiten waren das gewesen, jedoch längst Vergangenheit.

Heute schmückte sich Baden-Baden bereits mit den Visiten schäbiger C-Prominenter, *soap opera*-Darsteller, *influencer*, Ehefrauen von Fußballspielern. In den letzten zwei oder drei Jahrzehnten hatte sich zudem die gesamte Klientel verändert. Mit dem sicheren Instinkt von Fährtenhunden hatten die findigen Tourismusbeauftragten der Stadt neureiche Russen und arabische Millionäre aufgespürt und in deren Ländern auf diese Kunden zugeschnittene Werbung betrieben. Als Folge der neuartigen Besucherstruktur war Baden-Baden geradezu überflutet worden mit hochkarätigen Escorts und Prostituierten mannigfacher Nationalität. Da die Herren Oligarchen Wert darauf legten, mit ihnen in ihrer Sprache parlieren zu können, stammten die Damen des Gewerbes meist aus Russland, der Ukraine oder Polen. Sie waren hochpreisig, blond, jung und blauäugig, was sie gleichzeitig zu heißbegehrten Lustobjekten der arabischen Kunden machte, deren sexuelle Fantasien ausnahmslos um nordische Frauen kreisten. Die männlichen Kollegen rekrutierten sich vorwiegend aus Latinos, Brasilianern, Kariben oder auch Franzosen aus den Kolonien. Sie standen sowohl älteren Damen zur Verfügung wie auch Herren aus dem mittleren Osten, deren Neigungen in ihren steinzeitlichen Heimatländern die Todesstrafe nach sich gezogen hätte.

Emilia betrachtete belustigt die Bilder der sich als Fitnesstrainer bezeichnenden Herrschaften. Plötzlich hielt sie inne. Sie schaute auf das Porträtfoto eines Mannes, der ihr auf Anhieb bekannt vorkam, doch sie rätselte im ersten Moment woher. Sein Name stand unter dem Bild: Serge Émeraude, auch der sagte ihr nichts Als sie auf das Foto klickte, öffnete sich eine Webseite, und da durchzuckte sie freudiges Erstaunen: es war, welch eine willkommene Koinzidenz, tatsächlich der Franzose, der sie zweimal bei den Treffen von *secretmeetings* in den höchsten Himmel der Lust katapultiert hatte. Und als sie seine Homepage aufmerksam las, stellte sie zu ihrer Beruhigung fest, er arbeitete wirklich als Fitnesscoach und nicht als Escort. Emilias Erregung stieg. Wenn in der Krise weitere Treffen von *secretmeetings* auf Eis liegen sollten, hatte sie hier durch einen wundersamen Zufall die Chance entdeckt, ihn direkt zu kontaktieren. Sie konnte sogar gleich zwei Fliegen mit einer Klappe schlagen, ihn als Coach engagieren und sich anschließend von ihm nach Strich und Faden durchvögeln lassen.

Serge, dachte sie, Serge: ein Name, der auf der Zunge zerging wie ein Schokoladen-Éclair, war tätig als freiberuflicher Trainer mit seinem Hauptbetätigungsfeld in einer Fitnesskette, die Studios in Kehl und Straßburg unterhielt. Emilia verschlang die wenigen, rein beruflichen Informationen, die er von sich preisgab, und dann stand ihr Entschluss fest. Einen Augenblick lang überlegte sie, ob sie erwähnen sollte, dass sie sich bereits begegnet waren, unterließ es jedoch. Dann klickte sie auf die Option *Kontakt*, gab ihre Mailadresse und ihr Anliegen in die dafür vorgesehenen Felder und schickte die Nachricht ab.

Nur zwei Minuten später fand sie in ihrem Posteingang die umgehende Antwort. Serge schrieb auf Deutsch:

Hallo, vielen Dank für die Anfrage. Leider sitze ich aufgrund der Pandemie seit zwei Monaten in Peru fest und warte händeringend auf einen Rückflug. Sobald ich zurück bin, werde ich mich melden.
Mit freundlichen Grüßen
Serge

Offenbar sollte ihre Pechsträhne noch weitergehen. Da hatte sie durch einen kaum glaublichen Zufall den Mann, der ihr seit Monaten durch den Kopf ging, ausfindig gemacht, nur um zu erfahren, dass er vorläufig nicht verfügbar war. Und das konnte noch auf unabsehbare Zeit dauern. Aber sie lebte doch jetzt!

23 Teströhrchen

Versteckt hinter anderen parkenden Autos wartete Fabian in seinem Range Rover mit den abgedunkelten Scheiben in der Einmündung der Kronprinzenstraße, bis er Emilias Porsche auf der Kaiser-Wilhelm-Straße vorbeifahren sah. Dann stieg er aus und ging langsam hinüber zur Villa. Er wusste, sie würde für die nötigsten Einkäufe in die Cité fahren, und wollte ihre Abwesenheit nutzen, um ohne ihr Wissen mit Leo zu sprechen.

Leo war nicht wenig erstaunt, als nicht Emilia, sondern Fabian seinen Kerker betrat.

- Ah, der Herr Doktor, was verschafft mir die Ehre? Mal wieder für die Krankenkasse ein Gutachten fälschen oder lieber eine kleine Injektion setzen? fragte er misstrauisch.

Fabian zog ein Glasröhrchen mit einem langen Wattestab aus der Tasche. Er trug einen *face shield* und eine Atemschutzmaske.

- Wir müssen einen Virustest mit dir machen, stell dich also bitte auf, sagte er.
- Wieso einen Virustest? In diesem Loch hier habe ich doch eine sehr überschaubare Anzahl an Kontaktpersonen, und die Gefahr einer Ansteckung, denke ich, ist für mich gleich null, widersprach Leo.
- Emilia verlässt regelmäßig das Haus für ihre Einkäufe und ist dabei in Kontakt mit anderen

Menschen. Wenn sie auch nur leiseste Spuren des Virus hier einschleppt, merkt sie das womöglich gar nicht. Aber dein Immunsystem, das in fünf Jahren Bunker komplett heruntergefahren wurde, weiß womöglich keine Antwort darauf. Und je früher wir eine eventuelle Infektion erkennen, desto besser für dich, erklärte Fabian ihm.

- Deine Sorge ist wirklich rührend, aber warum lasst ihr mich nicht einfach krepieren? erwiderte Leo, seine Stimme der blanke Hohn.
- Rede keinen Unsinn! Also stell dich hin, ich will die Ketten aufrollen und eine Speichelprobe nehmen, forderte Fabian ihn auf.

Leo wusste aus schmerzhafter Erfahrung, Ungehorsam machte in diesem Fall keinen Sinn. Weigerte er sich und blieb liegen oder sitzen, drohten die gestrafften Ketten ihm die Schultergelenke zu zerren oder schlimmstenfalls gar auszukugeln. Missmutig nahm er Position ein. Fabian betätigte den Mechanismus für die Kettenspulen, zog danach blaue Latex-Einmalhandschuhe über, nahm den Wattestab und führte ihn in Leos bereitwillig geöffnete Mundhöhle, wo er ihn einige Sekunden über sein Zahnfleisch und die inneren Wangen strich, um danach dieselbe Prozedur an seiner Nasenschleimhaut zu wiederholen. Dann verschloss er die Probe in dem dazu gehörigen Glasröhrchen und ließ es in der Jackentasche verschwinden, bevor er die Handschuhe auszog und ebenfalls einsteckte. Leo hatte ihn die ganze Dauer der Prozedur feindselig angestarrt.

Fabian ging zum Manual neben der Tür, drückte den Knopf und ließ die Ketten von der Apparatur wieder abwickeln. Dann setzte er sich auf den Stuhl an der Rückwand und schaute Leo unverwandt an.

- Erzähle mir, was du von deiner Mutter weißt, forderte er ihn auf.
- Was denn noch jetzt: Fragestunde? protestierte Leo, der sich auf sein Bett legte und mit einem Rasseln seiner Ketten die Arme unter dem Kopf verschränkte.
- Ich weiß sehr wenig von dir, nur das was Emilia gelegentlich erzählt, und es interessiert mich einfach, sagte Fabian.
- Wo ist überhaupt die Schlampe? fragte Leo wutschnaubend.
- Die *Schlampe*, wie du deine Gattin nennst, ist ein paar Einkäufe erledigen, und ich dachte, wir können uns einmal ungestört unterhalten, antwortete Fabian sanft.
- So von Mann zu Mann, was? lachte Leo hämisch.
- Wenn du das so siehst. Es kann deiner Situation nur förderlich sein, wenn du in allem kooperierst. Du bist nun einmal am kürzeren Hebel, sagte Fabian.

Warum bloß ist dieser beschissene Wichser auf einmal so scheißfreundlich, ging es Leo durch den Kopf. Er hasste ihn unendlich und konnte den Tag kaum erwarten, an dem er es auch ihm richtig heimzahlen würde. In seinen Augen hatte er ebenso viel Anteil an seiner Gefangenschaft wie Emilia, und er hätte ihn liebend gern auf der Stelle mit den

Ketten erwürgt, aber seine unfehlbaren Instinkte flüsterten ihm zu, auf dieses Spielchen einzugehen, obwohl er nicht die leiseste Ahnung hatte, was Fabian damit bezweckte.

- Was soll der Scheiß? Wieso interessiert dich plötzlich meine Mutter? wollte er wissen.
- Ich stelle die Fragen. Du antwortest. So läuft das hier, falls dir daran gelegen ist, deine Situation zu verbessern, sagte Fabian bestimmt.
- Was um Himmels willen könnte meine Situation schon verbessern? meinte Leo resigniert.
- Schon wieder so eine Frage, wo ich doch ausschließlich Antworten erwarte, rügte Fabian ihn.
- Okay, ist ja gut!

Ein lauernder Blitz aus Leos demütig niedergeschlagenen Augen traf Fabian, bevor er hörbar den Atem einzog und fortfuhr:

- An meine Mutter habe ich keine Erinnerungen. Meiner Information nach war sie heroinabhängig und außer Stande, ein Kind zu erziehen. Aber rumvögeln und sich schwängern lassen, das hatte sie drauf. Als ich ein Jahr alt war, hat sie mich zur Adoption freigegeben. Mehr weiß ich nicht von ihr, im Heim haben sie sich immer nur ausgeschwiegen, wenn ich gefragt habe.
- Und dann bist du also in einem Waisenhaus aufgewachsen? Wie lange warst du dort? Und wo war das? fragte Fabian.

- Das Waisenhaus war in Karlsruhe, und ich war dort bis zu meinem sechzehnten Lebensjahr, dann kam ich zwei Jahre in ein Heim für schwer Erziehbare, antwortete Leo.
- Und dein Name von Nolting, wie bist du an den gekommen? fragte Fabian weiter.
- Ich bin auf den Namen Leonhard von Nolting getauft, weil meine Mutter von Nolting hieß, Katharina von Nolting, sagte Leo.
- Hast du denn, als du älter warst, jemals versucht sie ausfindig zu machen? wollte Fabian wissen.
- Ja, das habe ich. Ich bin von Amt zu Amt gelaufen und habe dort alle verrückt gemacht. Ich wollte vor meine Mutter treten und ihr ins Gesicht schreien, wie sehr ich sie verachte und hasse, aber das ging nicht mehr, die Alte hatte sich längst davongemacht, sagte Leo mit düsterer Stimme.
- Und wo ist sie jetzt? Hast du keine Kenntnis über ihren Aufenthaltsort? fragte Fabian.
- Doch, habe ich. Sie ist im Fixerhimmel oder doch wohl eher in der Hölle. Sie hat sich den goldenen Schuss gesetzt, lachte Leo höhnisch.

Fabian schwieg. Sein Gehirn rotierte von dem Gehörten. Er musste noch mehr wissen.

- Und was ist mit deinem Vater, hast du eine Ahnung, wer das war? fragte Fabian wieder.

- Wer soll das schon gewesen sein, ein Junkie oder ihr Dealer oder ein Freier, der ihr den nächsten Schuss bezahlt hat, was weiß ich?

Leo schien allmählich die Geduld zu verlieren bei dieser in seinen Augen völlig sinnlosen und lediglich alte Wunden aufwühlenden Fragerei. Seine Körpersprache signalisierte nichts als Abwehr, und er schnaubte wiederum wütend. Doch Fabian ließ nicht locker:

- Hat denn deine Mutter keine Familie gehabt, Eltern, Geschwister, Großeltern, Onkel, Tanten? Hast du dich nie darum bemüht, mehr herauszufinden?
- Nein, nein und nochmals nein! Ich hatte nie, hörst du: nie, an keinem Punkt meines Lebens, das geringste Interesse, irgendwas über diese Sippschaft zu erfahren, und hat sich bis heute nicht geändert. Und jetzt ist Schluss mit der Quizstunde! schrie er Fabian an.

Fabian erhob sich aus seinem Stuhl.

- Ich sehe, das alles setzt dir sehr zu, was durchaus verständlich ist, aber glaube mir, ich habe meine Gründe, dich das zu fragen. Und vielleicht werde ich sie dir irgendwann erklären, sagte Fabian und ging ohne ein Wort des Abschieds hinaus, wo er die Tür zum Bunker hinter sich abschloss.

Von der Kronprinzenstraße, in der seinen Wagen geparkt hatte, fuhr er auf direktem Weg ins Klinikum. Dort zog er in seinem Büro ein zweites, ganz identisches Röhrchen aus seiner Schreibtischschublade und führte an sich selbst den gleichen Test durch, den er an Leo vorgenommen hatte.

Beide Röhrchen, die durchaus nicht, wie er Leo erzählt hatte, einem Virustest dienten, sondern Leos und seine eigene DNA-Proben enthielten, verschloss er in einem wattierten und zuvor von ihm adressierten Briefumschlag, legte den Umschlag in eine Styroporbox und rief von seinem Diensttelefon den Express-Kurierdienst an, mit welchem das Klinikum Hohenbaden für gewöhnlich zusammen arbeitete. Er händigte dem kurz darauf sich an der Pforte des Klinikums meldenden Fahrer des Kurierdienstes die kleine Kiste aus und wies ihn an, wo und an wen er die Sendung abliefern sollte.

Dann wählte Fabian die Nummer eines alten Studienfreundes von der Universität Heidelberg. Doktor Konrad Cassirer war der Leiter des der Hochschule angegliederten Labors, das bei juristischen Nachforschungen als offizielles Instrument forensischer Genetik für eine Abstammungsbegutachtung autorisiert war. Sie plauderten eine Weile über dies und das, vor allem natürlich über die medizinischen Aspekte der Pandemie, bevor Fabian ihn schließlich um den ihm auf der Seele brennenden Gefallen bat und die auf dem Weg befindliche Lieferung durch den Kurier ankündigte. Konrad sagte ihm, es wäre eine Selbstverständlichkeit unter Kollegen, dass man sich unbürokratisch helfe und versprach ihm das Ergebnis so schnell als möglich.

Neun Tage später hielt Fabian einen Brief mit dem Resultat des DNA-Tests in seinen Händen. Mit klopfendem

Herzen und zitternden Fingern, in einem Zustand höchster Anspannung öffnete er ihn. Das ihm nüchtern und auf einem formlosen Blatt mitgeteilte Ergebnis ließ keinen Zweifel offen. Seine Vermutung, sein Verdacht, seine Befürchtung – wie immer er es nennen wollte, hatten sich bestätigt: die vom Labor einwandfrei festgestellte, fünfzigprozentige Übereinstimmung des Erbguts in beiden Proben bedeutete mit absoluter Sicherheit, dass Leonhard von Nolting sein Halbbruder war.

24 Revidierte Pläne

Nach dem wahrlich besorgniserregenden Beginn der Pandemie mit rapide steigenden Neuinfektionen zeigte die Kurve der Fallzahlen inzwischen landesweit nach unten. Auch im Klinikum Hohenbaden belief sich die Anzahl der intensivmedizinisch betreuten Patienten auf weniger als zehn, und Doktor Fabian Erbach hatte erstmals seit Wochen einen annähernd normalen Arbeitsalltag.

Die Beisetzung seines Vaters hatte sich aus zwei Gründen hinausgezögert: da war einmal die Obduktion mit den sich anschließenden, langwierigen Untersuchungen seiner Organe durch Pathologen und Fachlabore und zum anderen Tilda Erbachs Entschluss, dem so verstümmelten Leichnam ihres Gatten eine Feuerbestattung zukommen lassen, worauf der Termin im Krematorium angesichts der zahlreichen, dem Virus geschuldeten Todesfälle zunächst auf eine lange Warteliste gesetzt wurde. Seit seinem Tod waren mehr als vier Wochen vergangen, als an Fabians nächstem freiem Tag er, seine Mutter und Emilia, lediglich begleitete von einem Priester und dem sich in respektvoller Entfernung haltenden Bestatter, die Urne Armin Erbachs zu Grabe trugen.

Immer noch hatte Fabian weder Emilia noch Leo über das aus heiterem Himmel über ihn hereinbrechende Geständnis seiner Mutter in Kenntnis gesetzt, welches sein gesamtes bisheriges Leben auf den Kopf gestellt hatte, ebenso wenig wie über seinen umgehend durch die DNA-Analyse bestätigten Verdacht, dass er und Leo Halbbrüder waren. Zunächst einmal musste er sich in aller Ruhe selbst darüber klar werden, welche Folgen sich für sie alle drei daraus ergeben würden, erst dann wäre Handeln gefragt. Doch bereits jetzt begann sich in ihm die Überzeugung zu verdichten: sie konnten unmöglich so weiter machen wie bisher. Es war ohnehin ein kleines Wunder, dass das über diesen langen Zeitraum derart reibungslos funktioniert hatte. Alles in allem war es nicht mehr und nicht minder als illegale Freiheitsberaubung, was sie hier betrieben. Die Zeit schien gekommen, dem ein radikales Ende zu setzen. Als Emilia damals blind vor Wut und Rachsucht Leo in Kerkerhaft genommen hatte, hatte sie keinen Moment über die langfristigen Konsequenzen nachgedacht, und mit der Zeit war ihr Tun ihr mehr und mehr aus der Hand genommen worden und hatte sich schlussendlich zu einem fatalen Selbstläufer entwickelt.

Fabian versuchte ganz rational die Fakten zu addieren. Leo hatte sich seinerseits etliche Vergehen und keineswegs nur Lappalien zu Schulden kommen lassen. Über Jahre hinweg hatte er Emilia brutal misshandelt, er hatte sie belogen und betrogen, er war Bigamist und sein Charakter war alles andere als untadelig zu bezeichnen. An einem Punkt ihres Lebens dann hatte Emilia, die unaufhörliche Demütigung nicht länger ertragend, den Spieß umgedreht und seither mit allem Nachdruck Leo die Grenzen aufgezeigt. Natürlich wäre das ohne Fabians Hilfe gänzlich unmöglich gewesen, erst seine Gutachten hatten ihr Leos langjährige Inhaftierung im Bunker reibungslos ermöglicht. Es bestand nicht der Hauch eines Zweifels, dass selbst diese drastische Form der Vergeltung ihre Berechtigung gehabt hatte, aber inzwischen erschien Fabian die Höhe des Strafmaßes mit seiner unbestimmten Dauer doch eher als subjektive Willkür, als eine Form von nicht länger haltbarer Selbstjustiz. Seine Bedenken wurden zusätzlich gespeist vom Ergebnis der DNA-Analyse. Fabian hatte Leo nie sonderlich gemocht, sie beide hatten seit vielen Jahren in permanenter Konkurrenz um Emilias Gunst gewetteifert, mit häufig wechselnden Vorteilen, was ihn oft gegen den Nebenbuhler erbost hatte, aber letztlich war Leo, das wusste er jetzt, sein Bruder, und er spürte wachsendes Unbehagen bei dem Gedanken, ein nicht unbeträchtliches Maß an Mitverantwortung für seine Kerkerhaft zu tragen. Die über die Jahre zunehmend verfahrene Situation ließ ihn nunmehr nach Wegen suchen, auf denen sie alle unbeschadet daraus hervorgehen könnten. Als erstes musste er unbedingt mit Emilia sprechen. Obwohl ihm klar war, dass sie zu ausgeprägter Unversöhnlichkeit neigte, wenn es um Leo ging, hoffte er mit einem eindringlichen Appell an ihre Vernunft vielleicht etwas bewegen zu können.

Die Gelegenheit zu einem Gespräch ergab sich kurz darauf am Abend nach einem kräftezehrenden Arbeitstag in der Klinik, als Fabian das seiner im Büro harrende Bett ignorierte und kurzentschlossen zu Emilia fuhr. Augenscheinlich hatte sie ihn ebenso vermisst wie er sie, denn sie ließ ihm keine Zeit für eine Begrüßung, zog ihm auf der Stelle die Kleider aus und drängte ihn unter die Dusche, wo sie atemlos übereinander herfielen. Dieser selbst nach all den Jahren immer wieder neu erwachende Hunger Emilias, der so ansteckend auf ihn übergriff, war wie ein Wunder für Fabian, und er musste sich gewaltsam daran hindern, in törichtes Liebesgestammel auszubrechen wie ein in Flammen stehender Teenager.

Später saßen sie bei einem kleinen Imbiss, den Emilia aus dem Nichts gezaubert hatte, und einer Flasche *Umweger Stich den Buben*, einem Bocksbeutel aus dem nur fünf Kilometer entfernten Weinberg hinter der nächsten Anhöhe. Es gab eine Auswahl an Rohmilchkäse, Brillat-Savarin, Brie de Meaux und Roquefort, mit frischem Baguette. Dazu öffnete sie, auf Fabians Vorliebe für Weißwein Rücksicht nehmend, den trockenen Riesling, obwohl ihrem Empfinden nach ein Rotwein besser gepasst hätte. Über den Monitor in der Küche konnten sie bei ihrem Mahl Leos Treiben im Bunker verfolgen. Er lag im Halbdunkel auf dem Bett und döste vor sich hin.

Während der Käse Zimmertemperatur annahm, hob Fabian sein Glas und sagte:

- Auf die faszinierendste Frau, die ich kenne!
- Und dieses Kompliment noch nach so vielen Jahren, scherzte Emilia, doch sie war nicht ganz unempfänglich für solche Schmeichelei.

Nach dem Essen dann berichtete Fabian ihr nacheinander die Neuigkeiten, die er bislang zurückgehalten hatte: des sterbenden Vaters letzten Wunsch, das Geständnis seiner Mutter, seine Herkunft aus eben demselben Waisenhaus, in welchem auch Leo aufgewachsen war, beider nicht zu verleugnende Ähnlichkeit und den ihm sich daraufhin aufdrängenden Verdacht, der durch die DNA-Analyse prompt bestätigt worden war.

Emilia schüttelte ungläubig den Kopf. Sie hatte drei Gläser Riesling getrunken und Fabians Erzählung fast wie in Trance aufgenommen. Eine unbestimmte Ahnung sagte ihr, dieses Geständnis war noch nicht alles. Es roch nach Veränderungen, einschneidenden Veränderungen, und sie würde gerüstet sein. Fast war ihr zumute wie bei der Erwartung eines freudigen Ereignisses.

- Hast du mal darüber nachgedacht, wie das mit Leo weitergehen soll? begann er schließlich.
- Wenn ich ehrlich bin, in letzter Zeit häufiger, erwiderte sie.
- Und: bist du zu irgendwelchen Ergebnissen gelangt? fragte Fabian weiter.

Sie nahm einen langen Schluck, der ihr Glas in einem Zug leerte. In der Flasche war nur noch ein kleiner Rest, den sie sich nachschenkte. Dann ging sie zum Kühlschrank, um resigniert festzustellen, dass sie keine zweite Flasche kalt gestellt hatte. Emilia setzte sich zurück an den Esstisch.

- Ich denke, ich kann Leo nicht auf ewig hier einsperren. Er stellt eine zunehmende Belastung dar, sagte sie schließlich.
- Das sehe ich genauso. Und daher sollten wir überlegen, wie wir aus dieser überaus heiklen Geschichte

unbeschadet herauskommen, schlug er vor, erleichtert dass sie das Thema von selbst anschnitt.

- Das Problem wird sein, ihn nach seiner Entlassung von blindwütiger Vergeltung abzuhalten. Ich kenne ihn genau. Er könnte eine Menge Schaden anrichten, überlegte Emilia.
- Wollen wir mit ihm reden, jetzt gleich? meinte Fabian.
- Es wäre mir lieber, wenn du das allein machst. Ich schaue euch zu, sagte sie.

Wie immer schien Leo verblüfft, wenn jemand den Bunker ohne vorherige Ankündigung betrat. Diesmal war es zudem nicht seine Frau, sondern wieder ihr Gespiele, der Herr Doktor. Er hielt ein Blatt Papier in der Hand und setzte sich ohne Umschweife an seinen Tisch. Einen Moment lang dachte Leo wieder einmal daran, den verhassten Konkurrenten mit den losen Ketten zu erwürgen. Dann schluckte er diese Aufwallung herunter und nahm ihm gegenüber Platz.

- Du erinnerst dich daran, dass ich vor einiger Zeit einen Abstrich von dir genommen habe? fragte Fabian.
- Wie könnte ich das vergessen haben? Wirklich rührend wie besorgt du warst, ich könnte mir das Virus eingefangen haben, hahaha! lachte Leo.
- Das Virus war nur ein Vorwand, aus gutem Grund, wie du gleich sehen wirst. In Wirklichkeit habe ich einen DNA-Test von dir machen lassen, ebenso wie

von mir. Das Ergebnis kannst du hier nachlesen, sagte Fabian und schob ihm das Papier hinüber.

Leo nahm das Blatt vom Tisch auf und las es flüchtig durch. Dann schaute er Fabian fragend an.

- Was bedeutet das?
- Es bedeutet nicht mehr und nicht weniger, dass wir beide Brüder sind, besser gesagt Halbbrüder, da wir zwar die gleiche Mutter haben, aber zwei verschiedene Väter, klärte Fabian ihn auf.

Leo hielt es nicht länger am Tisch. Erregt sprang er auf, warf mit einem Ruck seinen Stuhl um und ging auf und ab, soweit die Ketten es zuließen.

- Wie kann das möglich sein? Das ist nichts als eine schamlose Lüge! rief er laut aus.
- Es ist wahr. Ich habe vor kurzem erfahren, dass meine Eltern mich adoptiert haben, und zwar aus dem gleichen Waisenhaus, in dem du aufgewachsen bist. Unsere Mutter, von der du mir letztens erzählt hast, hat uns beide nach der Geburt dorthin abgeschoben, ebenso wie ein drittes Kind, ein Mädchen, von dem ich nichts Näheres weiß, außer dass es nach dir, aber vor mir geboren wurde, sagte Fabian.
- Aber ich hasse dich, ich hasse dich so, wie man keinen Bruder hassen kann, schrie Leo aufgebracht.
- Vielleicht überdenkst du deine Gefühle nochmals angesichts der neuen Fakten. Ich war bisher auch nicht unbedingt dein größter Fan, aber die Karten sind jetzt neu gemischt. Der DNA-Test ist eindeutig, meinte Fabian seelenruhig.

Am Monitor verfolgte Emilia gespannt das Gespräch ihrer beiden Männer. Ganz unzweifelhaft waren sie Brüder, das konnte jeder sehen, wenn sie sich wie jetzt nebeneinander in einem Raum befanden. Sie musste blind gewesen sein, dass sie das nicht schon früher bemerkt hatte? Auch ließ es ihre erotischen Vorlieben für diesen speziellen Typ Mann in einem ganz neuen Licht erscheinen. Einen kurzen Moment lang zitterten Emilias Knie, als ihre Fantasie unwillkürlich eine *ménage à trois* mit Leo und Fabian durchspielte. Sie lachte in sich hinein. Warum nur hatte sie nicht noch eine Flasche Weißwein kalt gestellt?

- Keiner verlangt von dir, dass du jetzt plötzlich deinen Familiensinn entdeckst. Es ist nur so, dass Emilia und ich angesichts der neuen Situation über ein mögliches Ende deiner Inhaftierung nachgedacht haben, ergriff im Bunker Fabian wieder das Wort.

Durch Leo ging ein Ruck.

- Ihr wollt das hier beenden? Jetzt? Weil wir beide Brüder sind? fragte er verblüfft.
- Wie gesagt, wir denken darüber nach, antwortete Fabian.

Leo überlegte krampfhaft. Da war sie, die einmalige Chance, auf die er fünf lange Jahre gewartet hatte. Sie durfte ihm nicht wieder entgleiten, er durfte das hier auf keinen Fall vermasseln, er musste sich konzentrieren auf das, was zu tun war.

- Und was kann ich tun, um eure Entscheidung in meinem Sinn zu beeinflussen? fragte er dann, tief Luft holend.
- Du könntest uns deine bedingungslose Zusammenarbeit anbieten. Und natürlich deinen Verzicht auf jedwede Form von Rache, erwiderte Fabian.

Unter Leos Wimpern hervor schoss ein gedankenschneller Blick hinauf zur Überwachungskamera an der hinteren Bunkerwand. Er war sicher, Emilia beobachtete sie und hörte jedes Wort, das sie sprachen. Wieder sog er hörbar die Luft ein. Dann hob er drei Finger seiner rechten Hand und sagte in fast feierlichem Ton:

- Ich schwöre euch zu bei allem, was mir heilig ist, sobald ich diesen Kerker hinter mir habe, werde ich weder der Feind meiner Frau noch der meines Bruders sein!

Bravo! Er hat wirklich das Zeug zu einem großen Tragöden, dachte Emilia an ihrem Monitor in der Küche. Bei allem was ihm heilig ist! Der Trick dabei war, es gab absolut nichts auf der Welt, das Leo heilig war.

25 Quartett

Auch bei ihrer zweiten Reise von Köln nach Baden-Baden, mehr als sechs Wochen später, waren die Autobahnen, obwohl die Regierung in Berlin mittlerweile das Ende des kompletten *Lockdowns* verkündet hatte, nur wenig befahren, und wie bereits beim ersten Mal kam sie gut voran. Dennoch musste Yvonne sich mit Gewalt auf die Fahrbahn konzentrieren. Ihr Herz pochte laut und schnell. Der gestrige Anruf hatte sie innerhalb von Sekundenbruchteilen in eine unkontrollierbare Umlaufbahn verzweifelter Hoffnung katapultiert.

- Es gibt möglicherweise eine heiße Spur von Ihrem Mann, können Sie morgen zu uns kommen? hatte Emilia von Nolting am Telefon gefragt.
- Wie…wie ist das denn möglich? hatte Yvonne gestammelt, in blanker Verwunderung über die unerwartete Kontaktaufnahme ebenso wie über den vermeintlichen Hinweis.
- Ich erkläre Ihnen alles, sobald sie hier sind. Wir warten dann gegen Mittag auf Sie, hatte Emilia mit Bestimmtheit gesagt und aufgelegt.

Also hatte ihr Instinkt sie damals nicht getäuscht, als sie im Unterbewusstsein beim Verlassen der Villa diesen Musterkoffer wahrgenommen hatte, den gleichen, der in Leos Besitz gewesen war. Es war, als ob eine innere Stimme ihr einflüsterte, dass irgendetwas nicht stimmig schien an der

Geschichte, welche das Ehepaar von Nolting ihr bei ihrem Besuch aufgetischt hatte. Und jetzt meldete sich Emilia mit diesem mysteriösen Anruf, der keine Widerrede zuließ, forderte sie auf zu kommen und vertagte sämtliche Auskünfte auf das persönliche Treffen.

Yvonne hatte keine Sekunde geschlafen in der Nacht. Wieder kam ihre Schwester Veronika früh am Morgen, um ihr den Wagen zu überlassen und sich während ihrer Abwesenheit um die Kinder zu kümmern. Und jetzt saß sie hier am Steuer, fraß im Seat, der ihrem Empfinden nach viel zu langsam fuhr, einen Kilometer nach dem anderen und durchlitt einen Aufruhr all ihrer Gefühle, dass ihr fast schwindelig wurde. Sie gähnte in einem fort und musste sich zusammen nehmen, um nach dem Schlafmangel nicht am Steuer einzuschlafen, denn auch im unaufhörlichen Wirbel ihrer Gedanken forderte ihr geschundener Körper sein Recht.

Es war ein strahlend blauer Morgen in berückender Schönheit, klarer als jemals zuvor, so schien es ihr. Hoch am fast jungfräulichen Himmel zogen ein paar schneeweiße Wölkchen, doch Flugzeuge entdeckte sie weit und breit nicht, selbst als sie am Mönchhofdreieck in unmittelbarer Nähe des Flughafens Frankfurt auf die Autobahn Richtung Basel abbog. Es entbehrte nicht der bitteren Wahrheit, was die Wissenschaftler neuerdings allenthalben zu Protokoll gaben: die Natur begann sich zu erholen in der Pandemie. Dieses unberechenbare Virus hat in kürzester Zeit etwas geschafft, was die ganze weltferne Protestbewegung der

Klimaaktivisten unter der Führung eines schwedischen Autistenmädchens nicht zuwege gebracht hatte.

Kurz nach Mittag erreichte sie Baden-Baden. Sie fuhr den ihr schon bekannten Weg, parkte den Wagen in der Kaiser-Wilhelm-Straße und musste sich einen Moment sammeln. Ihr Puls raste wie wild, ihre Schläfen hämmerten, ihr Kreislauf drohte zu kollabieren. Sie atmete einige Male tief durch, stieg noch zögernd aus, verschloss den Wagen und ging dann festen Schrittes durch den Vorgarten hin zur Villa.

Fabian empfing sie an der Haustür mit einem vielsagenden Lächeln und bat sie herein. Sie folgte ihm mit einigem Abstand ins Wohnzimmer, wo Emilia mit einem Magazin auf der Couch saß. Sie hielt die Zeitschrift verkehrt herum, wie Yvonne beiläufig bemerkte. Die beiden Frauen begrüßten sich in vorschriftsmäßiger Distanz. Auch Emilia trug deutliche Spuren von Schlafmangel auf ihren Zügen, Yvonne fragte sich aus welchem Grund. Einen Moment lang schwiegen alle drei. Dann begann Fabian das Gespräch:

- Nehmen Sie doch bitte Platz! Vielen Dank, dass Sie sich die Mühe gemacht haben und nochmals hergekommen sind.
- Sie sagten, es gibt eine Spur von Leo. Wie genau sieht die aus? Bitte spannen Sie mich nicht unnötig auf die Folter, sagte Yvonne flehend.
- Zunächst einmal schlage ich vor, dass wir du sagen. Wir sitzen alle in einem Boot, wie sich gleich zeigen wird. Ich bin Emilia, das ist Fabian, fiel Emilia ein.

Yvonne war irritiert.

- Aber ich dachte, sein Name sei Leonhard von Nolting, sagte sie zu Emilia gewandt.
- Nein, mein Name ist Fabian, ich arbeite, wie du schon weißt, als Arzt hier am Klinikum. Ich bin der Bruder von Leonhard, und ich hoffe, du wirst uns die kleine Komödie nicht nachtragen, antwortete Fabian an Emilias Stelle.
- Ich verstehe rein gar nichts. Welchen Sinn hatte es denn, sich mir als ein anderer vorzustellen? Und was ist mit Leo? fragte Yvonne.

Emilia und Fabian schauten sich an.

- Willst du? fragte er.

Sie nickte und begann in langsamem und gewichtigem Tonfall:

- Leonhard von Nolting ist mein Mann. Wir sind seit zwölf Jahren verheiratet. Vor fünf Jahren kam ich durch einen Zufall dahinter, dass er ein Doppelleben führte. Er hatte sich einen anderen Namen zugelegt, er lebte in einer anderen Stadt in Bigamie, verheiratet mit einer anderen Frau, und hatte sogar Kinder mit ihr.
- Aber was hat das mit Leo, mit meinem Mann zu tun? fragte Yvonne entgeistert.
- Die Antwort wird dich schockieren. Mein Mann Leonhard von Nolting und dein Mann Philipp Leonhard sind ein und dieselbe Person. Wir beide sind mit dem gleichen Mann verheiratet, ließ Emilia die Katze aus dem Sack.

Yvonne fühlte sich, als hätte sie einen Faustschlag in die Magengrube erhalten. Alles Blut wich aus ihrem Gesicht. Sie kämpfte mit einem Schwindelanfall.

- Aber...aber...das ist unmöglich, das kann nicht sein, hauchte sie.
- Doch, Yvonne, das ist leider so. Leo hatte in Köln einen Hausstand mit dir und euren zwei Kindern und hier in Baden-Baden mich. Er hatte sogar zwei verschiedene Arbeitgeber, beides Pharmazieunternehmen, die keine Ahnung von seiner Doppeltätigkeit hatten, klärte Emilia sie auf.
- Und seine Logistik war ebenso simpel wie genial, mischte sich Fabian ein.

Yvonne schaute ihn verständnislos an. Sie weigerte sich zu glauben, was sie da eben erfuhr.

- In der einen Woche war er in Baden-Baden, in der anderen in Köln und gab jeweils an, er sei während seiner Abwesenheit als Referent beruflich in Hotels unterwegs. Und am Wochenende schob er Seminare und Workshops seiner Firmen vor, so dass er abwechselnd jedes Wochenende mit einer seiner Frauen verbringen konnte. Ich nehme an, das hat er nicht nur Emilia, sondern auch dir weisgemacht, meinte Fabian zu Yvonne.
- Und wir sind beide gutgläubig auf seine Lügen reingefallen, bis ich ihm zufällig auf die Schliche gekommen bin, fügte Emilia an.

Yvonne sah nur noch die Trümmer ihrer einstmals heilen Welt vor sich. In all den Jahren nach Leos Verschwinden war sie doch bereits durch die tiefste Hölle gegangen, aber das hier trieb die Grausamkeit auf die Spitze.

- Aber wo ist Leo jetzt? Was ist mit ihm geschehen? fragte sie dann in wachsendem Entsetzen.
- Du wirst vermutlich nicht glauben, dass Leo Emilia während ihrer gesamten Ehe immer wieder brutal geschlagen hat, während wir gleichzeitig, was wirklich erstaunlich ist, von ihm wissen, dass er gegen dich niemals die Hand erhoben hat. Eines Tages dann hat sich Emilia gewehrt, weil sie seine Attacken nicht mehr ausgehalten hat, sagte Fabian.

Bei diesen Worten stand auf Emilia und schaltete den Monitor ein, dessen angeschlossene Kamera den Bunkerraum überwachte. Es dauerte einige Sekunden, bevor das Bild aufgebaut war. Es zeigte Leo, wie er auf dem Bett saß und eine Tageszeitung las. In höchster Erregung sprang Yvonne auf.

- Mein Gott, das ist Leo! Und er trägt Ketten! Wo ist er, wo? rief sie aus.
- Er ist mein Gefangener, hier in unserem Bunker, und das seit fünf Jahren. Er muss büßen für das, was er mir angetan hat, antwortete Emilia betont langsam, und ihr Gesicht verdunkelte sich.
- Ich will sofort zu ihm! rief Yvonne, und ihre Stimme überschlug sich bald.
- Dann lass uns nach unten gehen. Sicherlich wird Leo nicht wenig überrascht sein, dich hier zu sehen,

sagte Emilia ohne eine Spur von Gefühl in ihrer Stimme, während sie den Monitor ausschaltete.

Als sich wie bereits gestern ohne Vorankündigung die Tür zu seinem Gefängnis öffnete, legte Leo die Zeitung beiseite, leicht verwundert darüber, dass er sich zum Straffen der Ketten nicht aufstellen sollte. Emilia betrat als erste den Bunker, in ihrem Gefolge Fabian, und dann, und dann, er wollte es nicht glauben, seine Sinne mussten ihn trügen, dann erschien tatsächlich Yvonne in der Tür. Sein Schrei blieb ihm im Hals stecken, und eine plötzliche Schamesröte übergoss seine Züge.

- Yvonne! Yvonne! stammelte er erschüttert und erhob sich schwankend vom Bett.
- Leo! rief sie aus und wollte mit ausgebreiteten Armen auf ihn zustürzen, als sie mitten im Schritt verhielt und die Hände sinken ließ.
- Familienzusammenführung! erklang Emilias sarkastische Bemerkung im Hintergrund.

Aus dem Nebenkeller holte Fabian zwei Gartenstühle und stellte sie ebenso wie den im hinteren Bunker befindlichen Stuhl rund um Leos Esstisch.

- Ich schlage vor, wir setzen uns jetzt alle um einen Tisch und besprechen im Detail, was uns zu tun bleibt, damit jeder einzelne von uns unbeschadet aus dieser so unrühmlichen und verfahrenen Situation herauskommt, sagte er und deutete auf die Stühle.

Yvonne sank kraftlos auf ihren Stuhl und barg den Kopf in ihren Händen. Leo hatte sich gefangen und witterte seine Chance. Die unverhoffte Anwesenheit Yvonnes schien ihm ein sicheres Indiz für das Ende des Kerkers. In seinen Blick trat die für ihn typische, lauernde Erwartung. Emilia schaute nur düster vor sich hin.

Fabian nahm als letzter Platz und ergriff das Wort:

- Emilia und ich haben in den letzten Tagen lange über ein mögliches Ende von Leos Haft diskutiert. Aus der Tatsache dass wir dich, Yvonne, hergebeten und in eine doch reichlich gesetzeswidrige Freiheitsberaubung eingeweiht haben, mag ersichtlich sein, dass seine Freilassung lediglich noch eine kleine Formalität darstellt. Voraussetzung dafür ist allerdings Leos unbedingte Kooperation in allen Belangen.
- Ich tue alles, was ihr verlangt, nur will ich endlich raus aus diesem Verlies und ein normales Leben führen, beeilte sich Leo zu sagen.
- Du würdest dich mit Lippenbekenntnissen auf jede Bedingung einlassen, das ist mir klar, aber du musst dir in aller Deutlichkeit vor Augen halten, dass falls du in Freiheit juristische Schritte gegen Emilia und mich einleitest, diese unweigerlich auf dich zurückfallen würden. Sicher hat Emilia dich mit meiner Beihilfe widerrechtlich festgehalten, aber du würdest ebenso belangt wegen Bigamie und schwerer

Misshandlung, und das hätte eine abermalige Freiheitsstrafe für dich zur Folge. Eine solche wird kaum in deinem Sinn sein dürfen, nachdem du hier bereits fünf Jahre im Bunker gesessen hast. Es ist also in unser aller vordringlichem Interesse, dass wir jetzt an einem Strang ziehen, erwiderte Fabian.

Er schaute in die Runde nach seinem kleinen Vortrag. Emilia schwieg. Sie war sich noch nicht ganz im Klaren, ob die sich ankündigende Veränderung auch ihr die Freiheit brachte oder eher einen ungewollten Machtverzicht. Yvonne bemühte sich, das eben Gehörte in sich eingehen zu lassen, was ihr nach den geballt auf sie zustürmenden Informationen sichtlich schwerfiel. Es war schließlich Leo, der erwiderte:

- Ich verspreche hoch und heilig, nichts gegen Emilia und dich zu unternehmen. Ich weiß, ich habe Fehler gemacht, das tut mir sehr, glaubt mir, wirklich sehr leid. Ich werde alles tun, um das wieder gut zu machen. Mir ist ebenso wie euch allen daran gelegen, das alles hinter mir zu lassen, ohne dass es in irgendeiner Form noch unnötigen Staub aufwirbelt.

Für einen Moment wirkte seine Zerknirschung für alle Beteiligten glaubwürdig. Dann schaute Emilia in seine Augen und wusste sofort, das unberechenbare Raubtier in ihm schlummerte nur. Leo brannte auf Rache, das sah sie ihm an. Seine Versprechungen waren die üblichen Worthülsen, die sie von ihm gewohnt war, und hatten nichts zu bedeuten. Doch sie zog es vor zu schweigen. Was immer sein Plan war, sie verspürte keine Angst. Inzwischen sagte Fabian:

- Eine wichtige Aufgabe, von der alles Gelingen abhängt, wird es sein, Leo eine absolut wasserdichte Legende zu stricken, welche die unweigerlich kommenden offiziellen Fragen zufriedenstellend beantwortet. Das könnte in etwa so aussehen: zunächst wird das ärztliche Gutachten dem Komapatienten Leonhard von Nolting eine unvorhergesehene Besserung und in gebotenem Abstand schließlich die vollständige Genesung bescheinigen. Dieselbe wird sodann eine zügige Wiedereingliederung ins Berufsleben ermöglichen, allerdings nicht gleichzeitig auch die des tragischerweise verschollenen Philipp Leonhard. Der muss in der Folge unauffindbar bleiben.

Wieder schaute Fabian alle an, um dann, lächelnd zu Yvonne gewandt, fortzufahren:

- Ich möchte der also frischgebackenen Witwe mein Beileid aussprechen. Nachdem Emilia und ich darüber zu Rate gegangen sind, wie wir den verworrenen Knoten möglichst elegant auflösen können, erschien die naheliegendste und bei genauem Hinsehen sogar die einzige Möglichkeit, dass Philipp Leonhard für tot erklärt wird. Und da nach den vergangenen fünf Jahren für Emilia eine Weiterführung ihrer Ehe mit Leo absolut ausgeschlossen ist, würde sie in eine Scheidung einwilligen, worauf Leonhard von Nolting, euer beider Einverständnis vorausgesetzt, die Witwe Philipp Leonhards ehelichen könnte.

Leo konnte bei diesen Worten ein breites Grinsen nicht zurückhalten. Er sah den Augenblick seiner Freilassung lediglich noch einen kleinen Schritt entfernt. Hatte ihn beim Anblick Yvonnes anfangs noch Scham überwältigt, dass nun auch sie über sein Doppelleben Bescheid wusste, so war sein Selbstbewusstsein längst zurückgekehrt. Der schwache Protest in seiner Stimme war lediglich gespielt, als er antwortete:

- Das hast du dir weiß Gott genial ausgedacht. Du wolltest Emilia immer schon für dich, und mit dieser nicht von mir, sondern über mich hinweg getroffenen Entscheidung bekommst du sie nun endlich auch.
- Es ist keineswegs eine Entscheidung zu meinem persönlichen Vorteil, sie resultiert allein aus der Logik der Sache. Du wirst dein Leben mit zwei Frauen kaum in der bisherigen Form weiterführen können. Emilia würde das nicht tolerieren, und ich denke Yvonne ebenso wenig, konterte Fabian.
- Okay, gesetzt der Fall ich stimme zu, was aber ist mit dir, Yvonne? Willst du mich überhaupt noch nach allem, was du heute über mich erfahren hast? fragte Leo.

Yvonne schaute ihn lange an. In ihrem Kopf rauschte es, und sie vermochte keinen klaren Gedanken zu fassen. Der Mann, den sie liebte, dessen Verschwinden sie fünf Jahre kaum zu ertragen gewusst hatte, für dessen Rückkehr sie alles geopfert hätte, hatte parallel eine zweite Ehe geführt, hatte sie systematisch belogen und betrogen über die ganzen

Jahre ihres vermeintlich ungetrübten Glückes hinweg. Etwas in ihr wollte ihn mit aller Macht von sich stoßen, wollte ihn verletzen, wie er sie verletzt hatte, wollte sich wehren dagegen, wieder von ihm vereinnahmt zu werden, aber sie wusste im gleichen Moment auch, sie konnte das nicht. Sie liebte diesen Mann immer noch, sie würde ihm alles verzeihen, ein Leben ohne ihn wäre für sie ohne Sinn. Sie wollte Leo, sie brauchte ihn an ihrer Seite, für immer. Leise, aber mit fester Stimme antwortete sie:

- Wie kannst du fragen? Ich bin doch deine Frau.
- Seine Frau bin ich auch, und ich will ihn definitiv nicht mehr, warf Emilia, die seit dem Betreten des Bunkers noch kein einziges Wort gesagt hatte, nicht ohne eine Spur von Gehässigkeit ein.
- Emilia, bitte! ermahnte Fabian sie.
- Im Gegensatz zu dir liebt Yvonne mich eben mit all meinen Fehlern, sagte Leo zu Emilia. Es klang wie Triumph.
- Herrschaften, ich darf doch sehr bitten! Die emotionale Abrechnung heben wir uns für später auf. Jetzt sollten wir uns darauf konzentrieren, wie wir das Ganze auflösen, sagte Fabian bestimmt.

Einen endlos scheinenden Augenblick lang sagte keiner etwas. Das allgemeine Schweigen wurde schließlich von Yvonne gebrochen, die vorschlug:

- Es scheint doch alles darauf hinauszulaufen, dass Leo nicht länger hierbleibt. Also bietet sich als

Lösung wohl an, dass ich ihn mitnehme, zu mir und den Kindern nach Köln.

Fabian nickte Zustimmung.

- Was meinst du? Emilia, fragte er.
- Meinetwegen, antwortete sie achselzuckend und rieb die Unterlippe an ihren Schneidezähnen, ein Zeichen ihrer nervösen Anspannung.
- Nach dem das jetzt geklärt wäre, hätte dann vielleicht jemand die Freundlichkeit, mir endlich diese verfluchten Ketten abzunehmen? sagte Leo aufatmend.
- Der Schlüssel hängt dort am Haken, sagte Emilia, der es sichtlich widerstrebte, ihm die Freiheit von ihrer Hand zurückzugeben, zu Yvonne und wies mit dem Zeigefinger zum Schlüsselbrett neben der Tür.

Er hat die ganzen Jahre den Schlüssel vor Augen gehabt, ohne dass er sich seiner bemächtigen konnte in diesen Ketten, ging es Yvonne durch den Kopf, als sie Leos stählerne Manschetten aufschloss. Wie sehr musste ihn Emilia gehasst haben, um ihn mit diesem Anblick zu quälen? Oder hatte Leo ihr so wehgetan?

Dann war er frei, und das erste, was sie spürte, waren seine Arme um ihre Schultern und seine Lippen auf ihren, und dann versank die Welt um sie herum.

26 Neubeginn

Fünf Jahre! Fünf lange Jahre war er in diesem Scheißloch eingesperrt gewesen. An jedem gottverdammten Tag seiner Haft hatte er sich die süßesten Rachefantasien ausgemalt, hatte im Detail davon gesponnen, was er tun würde, wenn er endlich freikäme, welche ausgeklügelte Behandlung er vor allem seiner skrupellosen Kerkermeisterin Emilia angedeihen lassen würde, aber ebenso auch ihrem Stecher, dem feinen Herr Doktor, der ihn mit einer kleinen Spritze Pancuronium immer still gelegt hatte, wenn es darum ging, Abgesandten der Krankenkasse seine gefälschten Gutachten am Fallbeispiel unterzujubeln. Und jetzt, wo Leo endlich die schmerzlich ersehnte Freiheit wieder erlangt hatte, waren ihm praktisch die Hände gebunden, er musste seinen Groll hinunterschlucken. Fabians Argumentation schien von absolut lückenloser Logik, und Leo sah sich außerstande, das Geringste gegen seine Frau und seinen Bruder zu unternehmen. Das hätte ihn, wie Fabian unwiderleglich veranschaulicht hatte, nur selbst in allergrößte Schwierigkeiten gebracht.

Er spürte Aggression in sich aufsteigen, eine gefährliche Gefühlslage, der er im Bunker allzu lange nicht nachgeben konnte, da ihn Emilia bei jedem Ausraster auf der Stelle unnachgiebig bestraft hätte. Ein-, zweimal hatte er es versucht, um sogleich von ihr schmerzhaft in die Schranken verwiesen zu werden. Doch jetzt war er frei, und irgendjemand würde sehr bald die Zielscheibe abgeben müssen für seine lang aufgestaute Wut.

Während der Rückfahrt hatte ihn ein Wechselbad seltsamer Stimmungen beschlichen. Sein Leben befand sich gerade am Nullpunkt. Seine Gefangenschaft war vorüber, seine Jahre mit Emilia allem Anschein nach von einem auf den anderen Tag Vergangenheit. Er hatte Zweifel, ob er in seinem Beruf nahtlos wieder Fuß fassen würde. Das hing kaum von ihm ab, sondern allein von seinem Arbeitgeber. Sein Plan war, sich umgehend bei der *PharmAbon* in Münster zu melden, dort von der wundersamen Genesung Leonhard von Noltings zu berichten und seine unbedingte Bereitschaft zu bekräftigen, an seine legendären Verkaufserfolge anzuknüpfen. Eine Frage war nur, ob sie ihm sein Märchen ohne weiteres abkaufen würden. Für die *Mediasan AG* dagegen würde Philipp Leonhard verschollen bleiben, das hatte sein Herr Bruder in allen möglichen Konsequenzen wirklich perfekt durchdacht. Eigentlich hätte er Emilia gegenüber auf eine Entschädigung für die Jahre im Bunker drängen müssen, zumindest eine volle Million hätte er durchaus für angemessen gehalten. Bei ihrem üppigen Vermögen wäre das für sie leicht zu verschmerzen gewesen. Schließlich hatte er durch ihre kriminellen Machenschaften fünf Jahre lang seinen lukrativen Doppelverdienst entbehren müssen und seine Familie nicht ernähren können. Und er benötigte dringend Startkapital, bis er wieder eigenständig verdiente.

Am Autobahnrastplatz Mönchberg, kurz vor dem Kreuz Walldorf, hatte er Yvonne gebeten zu halten. Sie waren ausgestiegen, und er hatte sie in den Wald gedrängt, wo er zum ersten Mal seit fünf Jahren wieder Sex hatte. Wild und ungestüm fiel er über sie her, mit der atemlosen Brutalität, die allenfalls Emilia schätzte, aber Yvonne keineswegs. Leo war ausgehungert und ohne Geduld, rücksichtslos nahm er sich lange Entbehrtes, um nach fünfzehn Sekunden reumütig zu stammeln:

- Verzeih, mein Liebling, das war unwürdig, aber ich hatte fünf Jahre keine Frau.

Während der restlichen Heimfahrt erzählten sie, fünf Jahre im Zeitraffer. Yvonne berichtete von den Kindern, der seit Monaten kaum zu ertragenden Situation in der Pandemie, ihren diversen Arbeitsstellen und der wachsenden Schwierigkeit, für sich und die Kinder den Lebensunterhalt zu verdienen, dem notwendigen Verkauf des Hauses in Lindenthal, dem nachfolgenden Kauf der jetzigen Wohnung am Gereonswall und dem unentwegten Krieg mit ihren verhassten Mitbewohnern. Leo beichtete ihr, getrieben von plötzlichem Schuldgefühl, rückhaltlos sein Doppelleben, schilderte ihr die Entbehrungen im Bunker, antwortete auf all ihre zaghaften Fragen und gelobte, dass sich nun alles zum Besten wenden würde.

Zur gleichen Zeit saßen Fabian und Emilia in einer Seitenstraße des Augustaplatzes im *Da Pietro*, dem von ihnen bevorzugten italienischen Restaurant in der Stadt, das nach dem *Lockdown* erst vor kurzem wieder eröffnet hatte. Spontan hatte er sie eingeladen, um das Ende von Leos leidiger Kerkerhaft zu feiern, das Ende der Ausgangssperre, den

Anbeginn ihrer neuen, von nun an unbelasteten Beziehung ohne eine Leiche im Keller und vor allem ohne einen Nebenbuhler.

In diesen seltsamen Zeiten stellte ein Restaurantbesuch ein bizarres Erlebnis ganz eigener Art dar. Bevor sie orderten, mussten sie einen Zettel mit ihren Kontaktdaten ausfüllen und Namen, Anschrift, Telefonnummer und Mailadresse notieren. Beim Betreten der Gaststube waren sie angehalten, Atemschutzmasken zu tragen und sich die Hände zu desinfizieren. Zu diesem Zweck stand am Eingang ein Spender mit flüssigem Desinfektionsmittel. Am Tisch erst war es erlaubt, die Masken abzunehmen. Das Personal trug ausnahmslos den ganzen Abend über Gesichtsmasken.

Der überaus rührige Inhaber des *Da Pietro* beschäftigte, im Bestreben seinen Gästen nicht nur die zeitlosen Klassiker der italienischen Küche zu bieten, sondern sie obendrein mit innovativen kulinarischen Trends zu verwöhnen, neben seinem angestammten Chefkoch immer wieder auch internationale Gastköche. Seit Jahren hatte er jeweils im Sommer einen amerikanischen Starkoch verpflichtet, der seine Kunst an Präsidenten und Hollywoodstars erprobt und in Baden-Baden längst Kultstatus erlangt hatte. Die Pandemie verhinderte, dass er in diesem Jahr Europa besuchte, aber aus dem von ihm geführten Restaurant in Arkansas hatte er eine Handvoll seiner Rezepte geschickt, die gelegentlich im *Da Pietro* auf der Tageskarte standen. Emilia aß eine wirklich außergewöhnliche Pizza mit Shrimps und einer hellen Mardi-Sauce, die ihren Ursprung in der kreolischen Cajun-

Cuisine von New Orleans hatte, Fabian hatte sich für Rigatoni alla Genovese entschieden, einem der durchweg exzellenten Standards des Hauses. Der sich so perfekt anlassende Abend wurde erst in dem Moment empfindlich gestört, als Fabians Mobiltelefon klingelte.

Die aggressive Stimmung Leos wurde noch genährt durch die Wut, die er empfand, als er in Köln am Gereonswall vorfuhr, in einer Gegend, die dem ersten Augenschein nach kaum als bevorzugte Wohnlage gelten konnte. Das Haus in Lindenthal, das im Gegensatz zu Emilias Familienvilla in Baden-Baden so ganz und gar sein Heim gewesen war, hatte er Yvonnes Bericht nach unwiederbringlich verloren, ein leidvoller Tribut an die fünf Jahre seines Lebens, die seine Gefangenenwärterin ihm geraubt hatte.

Am Rastplatz Camberg hatte er Yvonne gefragt, ob er das Steuer übernehmen durfte. Nicht nur fünf Jahre ohne Sex lagen hinter ihm, auch hatte er während der Zeit im Bunker nicht Auto fahren können. Es fehlte ihm, der uneingeschränkte Herr über Pferdestärken zu sein, wo er in seinem Job jeden Tag unterwegs gewesen war und pro Jahr den Kilometerstand seiner beiden Firmenwagen um je fünfzigtausend erhöht hatte. Jetzt trat er auf der A3 das Gaspedal durch und trieb den Kleinwagen an sein Limit. Auf dem Beifahrersitz rief Yvonne ihre Schwester an, erkundigte sich nach den Kindern und versprach befreit lachend eine große Überraschung bei ihrer Heimkehr.

- Du hast etwas über Leo erfahren, riet Veronika am Telefon.
- Warte es ab! sagte Yvonne.

- Erzähle schon, los! forderte die Schwester sie auf.
- Ich weiß gar nicht, wo ich anfangen soll. Du kannst die Kinder darauf vorbereiten, dass ich ihren Vater mitbringe, jubelte Yvonne.

Als sie über die Zoobrücke nach Köln hineinfuhren, zitterte Leo am Steuer vor Nervosität. Auf dem Konrad-Adenauer-Ufer hielt er den Wagen an und bat sie weiterzufahren. Die Angst, dass Yannick und Annalena ihren Vater für einen Fremden ansahen, überwältigte ihn. Yvonne versuchte ihn zu beruhigen.

- Ich habe niemals aufgehört, ihnen von dir zu erzählen. Da warst in ihrer Vorstellung immer da, und sie werden dich lieben. Aber du wirst ihnen viele Fragen beantworten müssen, sagte sie.

Es war genau so, wie sie vorhergesagt hatte. Vom ersten Augenblick des Wiedersehens schmiegten sich die Kinder an ihn und wollten nicht von ihm lassen, obwohl beide keinerlei Erinnerung an den Vater hatten. Veronika hatte den Schwager mit einer Umarmung begrüßt und sogleich gefragt, wo er die vergangenen Jahre gesteckt und warum er sich nicht gemeldet hatte. Yvonne hatte ihr nur Schweigen bedeutet und gemurmelt, das nicht vor den Kindern zu erörtern.

Erst bei Veronikas Aufbruch konnten sie ein paar ungestörte Worte wechseln. Leo brachte die Kinder zu Bett, und Yvonne ging mit ihrer Schwester die Treppe hinab zur Tür.

Veras Empörung, als sie die Kurzversion von Leos Doppelleben erfuhr, entlud sich in einem lauten Ruf:

- So ein vermaledeiter Schurke!
- Lass uns morgen telefonieren, dann erzähle ich mehr, sagte Yvonne und gab der Schwester einen Kuss zum Abschied.

Als sie die Haustür ins Schloss gedrückt hatte, drehte sie sich um und prallte erschrocken zurück. Vor ihr stand die massige Gestalt Ruben Junghains, die ganze Breite des Flurs einnehmend. Er hatte sich unbemerkt in ihrem Rücken angeschlichen, als sie Veronika verabschiedete. Sein widerwärtiges Grinsen signalisierte die Gewissheit, dieses Mal gab es kein Entrinnen für sein Opfer. Er genoss den Augenblick ohne Eile und verschlang sie mit begehrlichen Blicken. Yvonne trug die Pistole nicht bei sich, aber sie spürte keine Angst, nur grenzenlosen Ekel vor diesem nach Marihuana, Schweiß und Bier stinkenden Stück Dreck. Furchtlos schaute sie ihm in die Augen. Dann schoss seine fette Kralle plötzlich vor und packte sie zwischen den Beinen, wie er es schon einmal getan hatte.

- Leo! rief, nein: schrie sie in Panik und war einer Ohnmacht nah.

Dann löste sich der brutale Griff unverhofft, und sie hielt sich stöhnend den schmerzenden Leib. Und da war auch Leo, mit eiserner Hand hatte er Ruben im Nacken gepackt und stieß seinen Kopf immer wieder hart gegen die Flurwand, dass die Stirn aufplatzte und Blut über seine schmerzverzerrte Fratze floss.

- Du bist also die perverse Sau, die ihre Schwester bumst und sich hier im Haus aufführt wie der letzte Proletenarsch. Die Zeiten sind ab sofort vorbei, flüsterte Leo heiser vor Wut, während er den Kopf seines Opfers immer weiter gegen die Wand schlug.
- Lass mich los! wimmerte Ruben und wand sich vergeblich unter dem unnachgiebigen Druck.

Der Lärm im Treppenhaus hatte offenbar die in seiner Wohnung hämmernde laute Musik übertönt und seine Schwester Mandy alarmiert, die wie eine asthmatische Walrosskuh aus der Tür stürmte, zwischen den Lippen eine brennende Zigarette und die Hände in die wie immer aus ihren engen Shorts quellenden Hüften gestemmt. Als sie ihren Bruder im Griff eines ihr unbekannten Mannes sah, ging sie ohne zu zögern mit den Fäusten auf Leo los, doch der verpasste ihr kurzerhand mit dem Ellbogen einen Hieb in die Visage, dass ihr Nasenbein brach und sie blutüberströmt hintenüber kippte.

- Schwein! schrie sie laut aus und rappelte sich mühsam und ächzend wieder auf. Die Zigarette lag am Boden.

Leo kannte kein Erbarmen. Er hob die glimmende Kippe auf und drückte sie mit einem Grinsen auf ihrer feisten Wange aus. Sie hinterließ ein hässliches, rotes Brandmal. Es stank nach Asche und verbranntem Fleisch. Mandy schrie vor Schmerz. Dann trat er dem laut aufheulenden Ruben von hinten gegen die Wade, zwang ihn hinab auf seine Knie und riss mit einem kräftigen Ruck der anderen Hand Mandy an ihrem rosa gefärbten Schopf ebenfalls auf die Knie.

- Nachdem ihr asoziales Pack euch jetzt untertänigst bei meiner Frau entschuldigt, werde ich die Güte haben, euch die zukünftig ohne Abstriche geltende Hausordnung zu erklären. Also los! Wird's bald! Ich warte! forderte er die Geschwister auf.

Yvonne schaute mit entsetzten Augen auf die brutale Szenerie. Nie hätte sie diese so ungehemmt aus Leo hervorbrechende Wut für möglich gehalten. Fast verspürte sie Mitleid mit den Geschwistern Junghain. Ähnlich musste er Emilia zugesetzt haben, ging ihr durch den Kopf. Laut fragte sie ihn:

- Soll ich nicht lieber die Polizei rufen?
- Wenn ich eins gelernt habe in den letzten fünf Jahren, dann dass man manche Dinge niemand anderem überlässt, sondern unbedingt selbst in die Hand nimmt, antwortete Leo, sein Grinsen wie das eines reißenden Schakals.

Yvonne wollte nur, dass die aus den Fugen geratene Situation endlich vorbei wäre. Diese für sie gänzlich neue Seite an ihm hautnah zu erleben machte ihr Angst. Obwohl die Geschwister Junghain es verdienten, dass jemand ihnen die Grenzen aufzeigte, fand sie Leos Verhalten übertrieben. Er war schonungslos und von einer unvorstellbaren, sadistischen Grausamkeit. So kannte sie ihn nicht, und sie fragte sich, ob sich da etwas Bahn brach aus ihm, das er während seiner Kerkerhaft in sich angesammelt hatte.

- Lass gut sein, ich lege keinen Wert auf irgendeine erzwungene Entschuldigung von diesem Gesocks. Sie werden ihre Lektion hoffentlich gelernt haben, sagte sie.

Leo ließ die Geschwister los und verpasste ihnen abschließend einen Tritt gegen den Kopf, der beide flach auf den Fussboden niederstreckte. Sie jaulten auf vor Schmerz. Dann krochen sie auf allen Vieren in Richtung ihrer Wohnungstür.

- Ihr habt es gehört! Das war die allerletzte Warnung, sagte Leo noch, und dann stiegen er und Yvonne die Treppe hinauf.

Lange noch lag sie wach und fand nicht in den Schlaf. Neben ihr vernahm sie das leise Schnarchen Leos in seiner ersten Nacht in Freiheit. Es hätte ein Freudentag für sie sein sollen, wo all ihr Sehnen und Hoffen so überraschend Erfüllung gefunden hatte, doch sie dachte ohne Unterlass nach über das, was sie heute erfahren und gesehen hatte.

Er musste Emilia wahrhaft übel mitgespielt haben, wenn sie ihn aus Rache fünf lange Jahre eingesperrt hatte. Wenn es dafür noch eines Beweises bedurft hätte, dann hatte sie heute mit eigenen Augen erleben dürfen, wie er mit Ruben und Mandy Junghain umgesprungen war. Es stand außer Frage, dass die Geschwister moralisch höchst verwerfliche Wesen waren, aber Yvonne hätte es vorgezogen, sich ihrer mit weniger drastischen Mitteln zu erwehren. Leos Brutalität schockierte sie.

Und ganz langsam spürte sie den qualvollen Verdacht in sich aufsteigen, dass der Mann, den sie über alles geliebt und unendlich vermisst hatte, nicht derselbe Mann war, der hier neben ihr schlief. Der Mann, der zu ihr zurückgekehrt war, erschien ihr wie ein Fremder.

27 Serge

Eine ganz merkwürdige Gemütslage ergriff Besitz von ihr, fast wie ein diffus sich ankündigendes Unwohlsein. Leo war fort, unwiderruflich, auf immer. Noch vor einigen Wochen war er ihr als überflüssiger, unnützer Ballast erschienen, der selbst in seiner Gefangenschaft in einem letzten Akt der Unterdrückung ihr Leben an seines gekettet hatte, jetzt begann sie tatsächlich ihn zu vermissen. Ihr fehlten die von unsagbarem Glück erfüllten Stunden, in denen sie nichts getan hatte, als ihn über den Monitor in seinem Bunker zu beobachten, ihn, das geschmeidige Raubtier, das sie dressiert und in einem Käfig gehalten hatte. Ihr fehlte das prickelnde Gefühl von Macht, von Allmacht, die sie fünf Jahre lang über ihn ausgeübt hatte. Die Pandemie trug die Schuld, dass alles so gekommen war: ihre wachsende Unzufriedenheit in der Kontaktsperre, das beklemmende Gefühl, durch seine Kerkerhaft in ihrer persönlichen Freiheit zusätzlich eingeschränkt zu sein, und vor allem ihre zunehmende sexuelle Vernachlässigung. Emilia war sich sicher, dass sie Leo ohne diese extreme Ausnahmesituation die generösen Vorzüge der Gefangenschaft bis an sein Lebensende gewährt hätte. Jetzt war es zu spät für eine Umkehr – er war dem Kerker entronnen und fort, unwiederbringlich fort aus ihrem Leben.

Was in ihr blieb von ihm war Leere, eine große, schmerzliche Leere. Die Aufgabe ihn zu hüten und zu versorgen, die ihr alltägliches Lebenselixier ausgemacht hatte, fiel auf einmal komplett weg. Die erregenden Momente, in denen sie hinab in den Bunker gestiegen war, um ihm in seinen auf ihren Befehl gestrafften Ketten als seine Dompteuse, seine unbezwingbare Herrin gegenüber zu stehen, würden niemals wiederkehren.

Sie überlegte, wie sie dem bedrohlichen Übermaß an Zeit, der sie jetzt noch mehr ergreifenden, enervierenden Langeweile entrinnen konnte, einem Gefühl, welches sie vor der Pandemie niemals gekannt hatte. Trotz der allmählichen Lockerungen war das soziale Leben immer noch und auf unabsehbare Zeit stark eingeschränkt, und die wenigen ihr offenstehenden Möglichkeiten der Zerstreuung boten nur einen geringen Spaßfaktor. Die Caracalla-Therme war nach wie vor geschlossen, und ihre früher regelmäßigen Wellness-Tage dort lagen in weiter Ferne. Das Frühjahrsmeeting der Pferderennen in Iffezheim hatte erstmals in seiner Geschichte ohne Publikum als Geisterrennen stattgefunden, Festspielhaus und Theater hatten noch immer nicht wieder geöffnet. Auch die *Équipage*, der seit Jahren angesagte Nachtclub von Baden-Baden und Treffpunkt der gutbetuchten *jeunesse dorée*, hatte die Pforten vorläufig dichtgemacht, ohne dass eine baldige Wiedereröffnung in Sicht schien. Eine Urlaubsreise war schlichtweg unmöglich, die Tourismusbranche lag am Boden ebenso wie der Flugverkehr, in fast allen Ländern blieben Hotels geschlossen, zumal es für nahezu jeden Punkt in der Welt offizielle Reisewarnungen des Außenministeriums gab.

Auch ihre Sportgruppen von *Martial Arts* und *Zumba* befanden sich unverändert noch in der verlängerten

Zwangspause. Immerhin hatte ihr Fitnessstudio eine Mail geschickt, dass der Trainingsbetrieb ab sofort möglich sei, wenngleich unter den strengen Auflagen der Hygienekonzepte. Emilia weigerte sich beharrlich, beim *workout* in der Gym eine Atemschutzmaske zu tragen, das war absolut unzumutbar und bedeutete daher, sie würde vorläufig dort wegbleiben müssen. Ihre Rettung könnte das von ihr angedachte *personal training* sein. Nicht allein aus diesem Grund wartete sie ungeduldig auf den Anruf des Franzosen, der ihr versprochen hatte, sich nach seiner Rückkehr aus Peru umgehend bei ihr zu melden. Bisher hatte sie nichts von ihm gehört, vielleicht weil er immer noch im Ausland weilte.

Mit dem Wegfall von Leos Beaufsichtigung fiel ihr in der Villa nur noch die Decke auf den Kopf. Sie konnte unmöglich den ganzen Tag hier drinnen hocken und nichts tun. Ihr Lebenshunger wuchs und wuchs. Aus dem Fernsehen wusste sie, dass in dieser Zeit nahezu allumfassender Verbote viele Menschen die Natur wieder für sich zu entdecken begannen, als ursprünglichen Raum eines Dialoges mit spirituellen Mächten, wie es ein Förster ausgedrückt hatte, welcher als Guru einer Bewegung von Zivilisationsmüden empfahl, in den Wald zu gehen und Bäume zu umarmen. Emilia erinnerte sich, dass sie als Kind oft mit dem Vater hinauf in den Schwarzwald gefahren und gewandert war. Sie hatten den Wagen an einem der Hotels auf der Schwarzwaldhochstraße abgestellt und die wundervolle, geradezu geheimnisumwitterte Landschaft erkundet. Überall waren sie gewesen: in Schwanenvasen, Plättig und Bühlerhöhe, am Kurhaus Sand und Wiedenfelsen, an der Schwarzenbach-

Talsperre, in Herrenwies, Hundseck, auf der Hornisgrinde, in Unterstmatt und weiter noch, bis hinauf zum mythischen Mummelsee, um den sich viele Sagen rankten. Die Erinnerung daran verklärte ihre Züge zu einem seligen Lächeln. Sie dachte gern zurück an diese Kindheitstage, dachte daran mit der wehmütigen Nostalgie eines längst vergangenen Glücks. Doch das war eine andere Zeit, ein untergegangenes Arkadien, in das es kein Zurück mehr gab.

Die quälende Abstinenz von allem, das auch nur einen Hauch Erregung in ihr Leben bringen konnte, trieb allerlei Gaukelbilder durch ihr von Langeweile gemartertes Hirn. Einen Moment lang verspürte sie einen plötzlichen Heißhunger auf ein Stück Torte. Sie könnte die paar hundert Meter hinunter zum Café König gehen und sich dort ein oder zwei Stücke aus der legendären Pâtisserie gönnen, ein Baisertörtchen mit Haselnussbuttercreme, ein *tartelette de framboise* oder von der weltberühmten Schwarzwälder Kirschtorte, die wahrlich Ihresgleichen suchte. Doch dann wurde ihr klar, dass diese kulinarische Sünde den letztlich erst konstatierten Verfall ihrer bislang makellosen Physis nur weiter beschleunigen würde, und sie schlug sich das aus dem Kopf.

Stattdessen fuhr sie den Laptop hoch und loggte sich nach einer ganzen Weile wieder einmal auf der Seite von *secretmeetings* ein. Durch die geballten Ereignisse der vergangenen Tage hatte sie viel zu lange versäumt, dort nach in der Zwischenzeit eventuell anberaumten Treffen zu forschen. Und dann stockte ihr mit einem Mal der Atem: der Zeitpunkt für die nächste Zusammenkunft war bereits morgen, als Ort war wie schon des Öfteren der Baggersee bei Kehl, der auch im April bei dem von ihr versäumten Termin als Treffpunkt gedient hatte, angegeben. Vermutlich hatten die Organisatoren in der Pandemie keine passende Räumlichkeit gefunden, und so fand das Treffen wieder einmal draußen statt, wie eigentlich üblich in der warmen Jahreszeit.

Emilia war elektrisiert. Dieses Mal musste sie einfach dorthin, bevor sie hier endgültig in Langeweile ertrank und dieser Ennui sich chronisch auswuchs. Endlich tat sich ein Weg aus dieser Ödnis auf. Sie fühlte, sie war zu jeder Dummheit bereit, und hoffte nur, dass in der vom Virus geschaffenen Ausnahmesituation sich genügend Teilnehmer einfinden würden. Mit Serge, dem französischen Fitnesscoach, durfte sie wohl kaum schon rechnen, der weilte voraussichtlich immer noch in Südamerika. Aber selbst ohne ihn würde sie Spaß haben, endlos viel Spaß!

Fabian hatte sich seit dem Abend im *Da Pietro* nicht blicken lassen. Wenn sie sich auf eine stürmische Nacht mit ihm gefreut hatte, die sie nach Leos Abreise pikanterweise im Bett des Bunkers zu verbringen gedachte, wurden ihre Pläne durch einen Anruf der Klinik zunichte gemacht, die ihn wegen eines dringenden Notfalls in den Operationssaal beorderte. Er hatte sie nach dem Essen heim gebracht und war von dort sofort ins Klinikum gefahren. Am Telefon klagte er jeden Abend von Überlastung durch Dauerdienste, zu wenig Personal und dem permanenten Ritt auf der Rasierklinge drohender Infektion.

Im Auftrag des Klinikums Hohenbaden sollte Fabian in der kommenden Woche für einige Tage ans Institut für Tropenmedizin nach Hamburg geschickt werden, wo mit führenden Epidemiologen ein Austausch über das Virus geplant war. Auf dieser Reise würde ihn seine Mutter begleiten, die nach dem Tod Armin Erbachs in eine anhaltende Depression gefallen war und Trost und Ermunterung bei einem Besuch ihrer Schwester in Pöseldorf suchte, während Fabian nach dem Willen seines Arbeitgebers medizinische Studien zum Virus betrieb. Zerknirscht teilte er Emilia mit, dass er aufgrund seines Dienstplans nicht abschätzen konnte, ob sie sich vor seiner Fahrt noch einmal sehen würden. Ihre Laune war nicht die beste, und nur die elektrifizierende Aussicht auf das Treffen in Kehl ließ sie eine harsche Antwort herunterschlucken.

Den ganzen nächsten Tag verbrachte sie wie auf heißen Kohlen. Gegen 20.30 Uhr fuhr sie los. Es war ein sehr warmer Frühjuniabend, sie trug keinen Slip unter ihrem Rock. Über die Autobahn würde sie bis Kehl etwas mehr als dreißig Minuten brauchen. Ihr Puls raste bis zum Anschlag. Der Porsche röhrte anmutig die A5 entlang. Sie musste sich eine Ausrede für Fabian einfallen lassen, der mit absoluter Wahrscheinlichkeit später anrief und sie nicht antreffen würde. Es wäre ungewöhnlich, sich in der Pandemie abends nicht zuhause zu verkriechen. Ihr Mobiltelefon hatte sie für alle Fälle ausgeschaltet. Eine kleine Migräne würde es tun, frühe Müdigkeit, eine Schlaftablette, deren Wirkung das Läuten des Telefons überhört hatte. Fabian war naiv und gutgläubig, er kaufte ihr alles ab. Sie kannte keine Skrupel, wenn es darum ging, ihm die Unwahrheit zu sagen. Sie war in eine wahrlich exquisite Schule des Lügens gegangen, bei einem grandiosen Lehrmeister. Zudem hatte Fabian es nicht anders verdient, wenn er sie ständig vernachlässigte. Er durfte sich kaum beschweren, dass sie nicht wie ein geduldiges Schäfchen die Hände in den Schoss legte, sondern sich anderweitig umschaute.

Schon als sie auf den langgezogenen Parkplatz am Baggersee abbog, wurden all ihre eher gedämpften Erwartungen übertroffen. Es war kurz nach 21.00 Uhr, und bereits jetzt standen weit mehr als zwanzig Wagen dort. Offenbar hatte die Pandemie niemanden abgehalten. Emilia parkte den Porsche, überprüfte im Rückspiegel kurz ihr Make-up und stieg dann aus. Sie schaute gespannt auf die Kennzeichen der Autos und erblickte Nummernschilder aus der gesamten Umgebung: Bühl, Offenburg, Freudenstadt, Lahr, sogar aus Freiburg. Auch einige französische Wagen entdeckte sie. Ihr Herz hüpfte, sie musste an Serge denken. Es wunderte sie, dass überhaupt Franzosen hier waren, sie hatte nichts davon gehört, dass die Grenze wieder offen war. Aber vermutlich kannten die Einheimischen ausnahmslos alle die Schleichwege abseits der offiziellen Grenzübergänge. Sie selbst war als Kind oft mit dem Vater die stillen Landstraßen hinüber ins Elsass gefahren, vorbei an der pittoresken Ill und durch vom Bärlauchduft geschwängerte Wälder.

Emilia stieg über die Leitplanke die kurze Böschung hinunter und strebte dann zielsicher dem kleinen Wäldchen zu.

Gleich am Beginn des dichten Unterholzes führte der Trampelpfad sie an einem keuchenden Mann vorüber, der mit offener Hose da stand und masturbierte. Er verdrehte die Augen und leckte sich lasziv die Lippen. Emilia wusste nicht, ob sie lachen oder sich ekeln sollte bei dieser Parodie von Einladung. Der Mann war etwa fünfzig Jahre, fett und röchelte unappetitlich. Sie beeilte sich, an ihm vorbeizugehen.

Etwas weiter vergnügten sich ein Mann und zwei Frauen. Emilia ging diskret vorüber, wobei sie lediglich einen kurzen Blick auf das Geschehen warf. Die Frauen küssten sich, während der Mann vor ihnen kniete und die eine mit seiner Zunge, die andere mit den Fingern stimulierte.

Dann öffnete sich das Gelände, die Bäume traten zurück, Stechpalmenbüsche säumten den Weg. Jenseits des Wäldchens erstreckte sich ein Weizenfeld. Zum Baggersee hin breiteten sich Uferwiesen aus, immer wieder bewachsen von Gesträuch, das Schutz vor Blicken bot. Es war immer noch taghell, die Sommersonnenwende fast drei Wochen entfernt.

Seitlich vom Weg vernahm sie in einiger Entfernung das unterdrückte Stöhnen einer Frau und wandte den Blick. Die Frau stützte sich in halb gebeugter Stellung mit den Armen an einem Baumstamm ab und hatte ihren Rock hochgeschoben, während ein Mann mit seinem Körper von hinten auf sie einhämmerte. Er schaute gebannt auf ihren nackten Steiß und schien für nichts anderes Augen zu haben. Bei seinem Anblick erschrak Emilia, denn sie erkannte ihn auf Anhieb. Es war ein Kollege Fabians aus dem Klinikum Hohenbaden, der auf einer Weihnachtsfeier des

Krankenhauses am gleichen Tisch mit ihnen gesessen und mit dem sie sich damals angeregt unterhalten hatte. Sie erinnerte sich sogar noch an seinen Namen: Doktor Lennart Schiller, ihres Wissens nach Chirurg. Schnell wendete sich Emilia ab, um nicht auch von ihm gesehen zu werden. Es fehlte ihr noch, dass Fabian von ihren heimlichen Eskapaden erfuhr.

Auf einer im Gras liegenden Decke tummelten sich nicht weniger als fünf Personen, drei Männer, zwei Frauen, allesamt nackt und in einem unentwirrbaren Gemenge. Emilia wich ihnen aus, sie verspürte keine Lust auf eine Gruppenorgie. Langsam ging sie weiter durch das Gestrüpp in Ufernähe. Der schwere Duft von Holunderblüten lastete in der Abendluft. Eine Amsel sang in der Ferne. Vom Wasser her drang das Geräusch eines Fisches, der mit der Schwanzflosse schlug. Leise wiegte der Wind die Baumkronen. Hinter den Wipfeln trug der Himmel die Farbe reifer Aprikosen.

Durch eine Lücke im Dickicht trat Emilia hinaus auf den Weg, der entlang der Schnellstraße halb um den Baggersee führte. Er war beidseitig gesäumt von hohen Büschen, zwischen denen sich geräumige, von weitem nicht einsehbare Buchten befanden. Sie orientierte sich ein Stück zurück Richtung Parkplatz. Immer noch kamen Autos an, es war noch früh. Ihre schon nachlassende Euphorie flammte schlagartig wieder auf. Bis jetzt hatte niemand ihr Interesse geweckt, aber vielleicht war unter den Neuankömmlingen jemand.

Gleich gegenüber von ihrem Standpunkt stellte soeben ein Motorradfahrer seine Maschine ab. Er trug einen Helm mit verspiegeltem Visier und eine hautenge Lederkluft, was ihm das Aussehen eines bizarren Insektes oder Marsmenschen verlieh. Unter dem hochklappbaren Sitz des Motorrads war ein Fach, in welchem er den Helm und seine Handschuhe deponierte, bevor er es abschloss und den Schlüssel in seine Hosentasche steckte. Dann drehte er sich langsam um, und im sich senkenden Dämmerlicht erkannte Emilia mit rasant sich beschleunigendem Herzschlag, es war der Franzose, Serge, der Fitnesscoach. Im gleichen Moment erblickte er sie auch und winkte lachend zu ihr herüber. Sie winkte fröhlich zurück. Der Abend schien allmählich doch noch Fahrt aufzunehmen.

Nein, das darf niemals mehr aufhören, dachte Emilia, sofern sie überhaupt noch zu denken vermochte. Serge war auf sie zugekommen, hatte ihr tief in die Augen geschaut mit einem Blick, der ihre Seele taumeln machte, hatte ihre Hand ergriffen und sie wortlos ein Stück entlang des Gebüschsaums geführt, wo er sie in einer der verschwiegenen Buchten an sich zog und küsste. Und dann wusste sie nichts mehr, ihr Verstand setzte aus, ihr Denken hörte einfach auf. Alles wurde auf einmal ganz leicht, sie schwebte wie auf einer Wolke, nichts gab es mehr, das zählte außer dem grenzenlosen Sich-Verlieren in der Unendlichkeit, ihr Ich verschmolz mit dem Universum in einer glückseligen Alchimie, in der Zeit und Raum ohne Belang waren, und in diesem Stadium, wo das Nichts und das Sein endlich wieder Eins wurden und die Musik der Sphären im Rhythmus ihres Herzschlags erklang, geisterte eine ferne Idee durch die schwindenden Reste ihres Bewusstseins, dass das nichts anderes sein konnte als das Paradies.

Längst umfing die Dunkelheit sie, als sie aus diesem Rausch erwachte, es ging auf Mitternacht zu, am Himmel blinkten Sterne, und er lag neben ihr im Gras, immer noch ohne Atem, ebenso wie sie. Emilia fand keine Worte, die ihren Zustand beschreiben konnten. Sie fühlte sich wie ein schöner Schmetterling, der seine schäbige Raupenexistenz für alle Zeit hinter sich gelassen hatte.

- Du bist also zurück aus Peru, sagte sie später, als sie an ihrem Auto Abschied nahmen.
- Woher weißt du, dass ich in Peru war? fragte Serge erstaunt. Er sprach fließend Deutsch, aber sein französischer Akzent war unüberhörbar.
- Ich war auf der Suche nach einem *personal trainer* und hatte dir eine Mail geschickt. Du wolltest dich nach deiner Rückkehr melden, antwortete sie.
- Ah, also du warst das! Bien! Ich bin gestern erst zurückgekommen, und gleich heute treffe ich dich. Was für ein wundervoller Zufall! sagte er und küsste die Innenfläche ihrer Hand.
- Durch die Einschränkungen der Pandemie habe ich meine Fitness ein bisschen schleifen lassen. Das muss ich unbedingt ändern. Wegen der momentanen Auflagen möchte ich eher nicht in einem Sportstudio trainieren, sondern bevorzugt *outdoor*, und dazu brauche ich einen professionellen Coach. Als

ich dein Bild im Netz sah, stand mein Entschluss sofort fest. Würdest du das denn übernehmen? fragte Emilia.

- Nur wenn ich mich dieser Kundin nach dem Training auch noch privat widmen darf, sagte Serge, und sein Lächeln blitzte durch die Nacht.
- Ich gehe davon aus, dass dieser Kundin das durchaus nicht unlieb wäre, antwortete Emilia.
- Also abgemacht! sagte Serge und gab ihr die Hand.
- Abgemacht! sagte auch Emilia, bevor sie nach einem langen Kuss in den Wagen stieg und die Heimfahrt antrat.

Aus dem offenen Seitenfenster rief sie ihm bei Wegfahren noch zu:

- Ich schicke dir morgen meine Nummer.

Dann nahm die Nacht sie auf.

28 Das Virus

Noch am gleichen Abend hatte Emilia, als sie in der Villa ankam, Serges Mobilfunknummer von seiner Homepage notiert und sogleich den Kontakten in ihrem Telefon hinzugefügt. Sie überlegte einen Moment, ob es angemessen oder doch eher übereilt und eine Zumutung wäre, doch sie konnte es nicht abwarten und schickte ihm unter dem überwältigenden Eindruck der vergangenen Stunden eine kurze Textnachricht:

- Das war fantastisch! Schlaf gut.

Umgehend antwortete er mit dem Emoji eines pochenden Herzens. Emilia war glücklich wie seit langem nicht mehr.

In den nächsten Tagen wartete sie mit wachsender Ungeduld auf seinen Anruf, doch nichts geschah. Serge rührte sich nicht. In ihr glomm ein verzehrendes Feuer. Sie wollte diesen Mann, mehr als jeden anderen zuvor, und sie wollte ihn jetzt. Ihre Stirn und ihre Wangen waren heiß, sie fühlte sich beinahe wie im Fieber. Mehrfach rief sie seine Nummer auf, doch jedes Mal brach sie den Anruf in letzter Sekunde ab. Er hatte sich bei ihr zu melden und keinesfalls sie bei ihm, wo sie ihm doch eine regelmäßige Verdienstmöglichkeit unterbreitet hatte. Offenbar hielt sich sein Interesse an ihr in Grenzen, sowohl beruflich wie auch privat. Emilia war sich beinahe sicher, dass er bei seiner sportlichen Erscheinung und erotischen Virtuosität überall Eisen im Feuer hatte, da war sie vermutlich nur eine unter vielen.

Per Zufall stieß sie am Tag darauf in ihrem Email-Account auf eine fälschlicherweise als Spam gekennzeichnete Nachricht von Serge, die bereits seit zwei Tagen im Ordner Junkmail abgelegt war. Darin schrieb er, dass er bei seiner Rückkehr aus Peru wie alle Reisenden aus dem Ausland obligatorisch auf das Virus getestet worden war und dass dieser Test bei ihm überraschend einen positiven Befund hatte. Er zeigte, so schrieb er weiter, keinerlei Symptome und fühlte sich gut, musste jedoch mindestens vierzehn Tage in Quarantäne bleiben. Sobald er als nicht mehr infektiös eingestuft würde, versprach er sich zu melden. Serge hoffte nach seinem Bekunden, dass er das Virus nicht an sie übertragen hatte, aber er empfahl ihr, zur Vorsicht einen Test zu machen.

Scheiße, dachte Emilia, ausgerechnet jetzt musste Fabian in Hamburg sein. Sie hatte wenig Sorge um sich, denn eine potentielle Infektion dachte sie mit ihrer von Sport gestählten Fitness im Handumdrehen zu überstehen, aber sie wollte dennoch Klarheit, ob sie mit dem Virus infiziert war. Ganz unmöglich schien ihr das nicht, denn Serge hatte es aller Wahrscheinlichkeit nach von seiner Reise mitgebracht und war bei ihrem Treffen vermutlich bereits ansteckend gewesen. Zu dieser Annahme passten die für sie untypischen Hitzewallungen, die wie schnell wechselnde Gezeiten durch ihren Körper gingen, vielleicht doch ein erstes Symptom. Für alle Fälle würde sie ein paar Tage zuhause bleiben, Vorräte hatte sie genug. Es war zugleich eine gute Gelegenheit, den Bunker aufzuräumen und zu putzen. Sie hatte sich noch keine Gedanken darüber gemacht, welcher Bestimmung er zukünftig dienen sollte, jetzt nach Leos Auszug. Und wenn Fabian dann zurück war, genügte es, ihn einen Test an ihr vornehmen zu lassen. Dennoch war sie vor allem frustriert, den Franzosen einmal mehr vorläufig unerreichbar zu wissen, wo sie sich so lange schon nach ihm verzehrt hatte.

Leo war sich unschlüssig, ob er Emilia von seinem Kommen telefonisch unterrichten oder einfach unangemeldet bei ihr auftauchen sollte. Er wollte seine persönlichen Sachen abholen, Kleidung, Papiere, Geschäftsunterlagen, alles das, was er bei seinem überstürzten Aufbruch mit Yvonne in der Villa gelassen hatte. Der Digitalwecker in der Küche zeigte 9.23 Uhr. Emilia würde nicht mehr schlafen, er könnte es wagen. Leo wählte ihre Nummer, aber sie hob nicht ab. Auf ihrem Mobiltelefon sprang nur die Mailbox an.

Am Abend zuvor hatte er sich Veronikas Seat für die Fahrt geborgt. Seine Schwägerin schien wie immer überaus hilfsbereit, aber er spürte, dass sie ihm nachtrug, was er Yvonne angetan hatte. Sie war kurz angebunden und redete nur das Nötigste mit ihm.

Der dreitürige Wagen bot Platz genug für die Dinge, die er mitzunehmen gedachte. Er verließ Köln um 9.30 Uhr und fuhr zügig durch, ohne Pause. Bei Bretten geriet er in eine Vollsperrung der Autobahn, für die ein umgestürzter LKW verantwortlich war, und saß vier Stunden lang fest, ohne dass es einen Meter voranging. Kurz nach 18.00 Uhr erst erreichte er die Kaiser-Wilhelm-Straße. In der Garageneinfahrt stand Emilias Porsche, sie war also daheim.

Also hatte es all die Jahre seit dem Tod ihres Vaters nur geschlummert in ihr. Emilia hatte es immer geleugnet, vehement in Abrede gestellt, nicht wahrhaben wollen, dass es genetischen Ursprungs sein konnte, und jetzt lag sie im Bunker auf dem Boden, abwechselnd bei Besinnung oder im zeitweiligen Koma. Sie atmete flach und stoßweise. Ihre Brust hob und senkte sich keuchend wie unter einer tonnenschweren Last. Sie wollte rufen, doch die Stimme versagte ihr. Es war eh niemand da, der sie hätte hören können. Ein heißer Strom kaum zu ertragender Schmerzen durchfuhr ihren ganzen Körper, als kreiste glutheiße Lava in ihren Adern und drängte mit aller Macht hinaus. Ihre Arme, ihre Beine, ihr Torso schwollen an wie bei einer aufblasbaren Puppe. Ihre Haut drohte zu platzen in rasend schnell steigendem Druck, den das aus ihren porösen Gefäßen haltlos in das Gewebe strömende Blut erzeugte. Ihre Wahrnehmung fuhr Achterbahn, denn im einen Moment war sie blind, taub und ohne Gefühl, im nächsten Augenblick sah sie die furchterregende Grimasse der winzigen Spinne an der Decke und hörte, überwältigt von Schmerz, durch die Wände des Bunkers die Vögel im Garten singen.

Ihre aufs Äußerste geschärften Sinne täuschten sie nicht, sie hatte ganz deutlich die Eingangstüre zufallen gehört, wie sie gleichzeitig das Gras draußen auf dem Rasen wachsen hörte im unheimlichen Konzert der Stille. Sie unterschied die Stubenfliege in der Küche, das von Bedeutung schwere

Ticken des Regulators im Wohnzimmer, die summende Kühltruhe im Vorratskeller, das Knistern der Eichenholzschränke. Sie lag und lauschte auf die Kakophonie der Geräusche, und da: da war ein neu hinzukommendes Geräusch, da hörte sie, wie das Objektiv der Überwachungskamera leise surrte und erbarmungslos an ihre Hilflosigkeit heran zoomte. Es konnte nur Leo sein, sie war sicher, denn Fabian war ihrem Wissen nach noch in Hamburg. Er hatte nicht geläutet, sondern gleich seinen Hausschlüssel benutzt, vermutlich um ihr einen gehörigen Schrecken einzujagen, wenn er plötzlich und unverhofft vor ihr stand. Und jetzt war der Mann, den sie fünf Jahre lang unerbittlich in einen Kerker gesperrt hatte und der, so wie sie ihn kannte, nach Rache an ihr lechzte, ihre einzig verbleibende Hoffnung. Er musste ihr doch helfen, er musste einfach einen Arzt verständigen, den Krankenwagen rufen. Sie war nicht mehr in der Lage, das zu tun, selbst wenn sie ihr Mobiltelefon zur Hand gehabt hätte, doch das befand sich oben in der Aufladestation.

Emilia wartete. Er rührte sich nicht. Die Stille war grausam, sie fügte ihr noch mehr Schmerzen zu. Er war da, sie war sicher. Und er unternahm nichts. Dieser skrupellose Schurke, dieser perfide Verbrecher, dem sie eidesstattlich attestiert hätte, dass er allein und niemand anderes sonst der Mann ihres Lebens war, ließ sie hier krepieren wie eine räudige Hündin und schaute am Bildschirm genüsslich dabei zu, ohne einen Finger zu bewegen. Sie konnte ihn sehen, ihr Auge drang durch die Bunkermauern, wie er in der Küche am Monitor stand und ihr beim Sterben zusah. Das war seine Rache, die des Wolfs im Schafspelz, auf die er bei allem, was ihm heilig war, geschworen hatte zu verzichten. Und dem nicht genug: er wird alles erben, ging ihr durch den Kopf, die Villa, die Effekten, den Porsche, mein ganzes Vermögen, alles. Sie waren immer noch verheiratet, und Emilia hatte weder direkte Verwandte noch in der unerschütterlichen Überzeugung ihrer Unsterblichkeit jemals ein Testament aufgesetzt. Und jetzt lag sie hier, vor seinen durch die Kamera gefilterten Augen, und verreckte qualvoll an dem gleichen verfluchten Leiden, welches schon ihren Vater das Leben gekostet hatte.

In den letzten Minuten ihres Lebens bemächtigte sich ihrer eine luzide Klarheit, als würde sie in eine kristallene Glaskugel blicken: Serge musste sie in der Tat, es gab keine andere Möglichkeit, bei ihrem Treffen an dem Abend in Kehl mit dem Virus infiziert haben, und das Virus hatte keine Sekunde gezögert und auf der Stelle das in ihr schlummernde Clarkson-Syndrom reaktiviert. Während Emilia sich in seinen Armen in den seligen Gefilden des weit geöffneten Paradieses wähnte, hatte sich unbemerkt und unerbittlich der schleichende Tod in sie gesenkt.

- Leo! Hilf mir! schrie es in ihr, doch der Schrei, nicht einmal ein Flüstern, verhallte stumm.

Er ging aus der Küche hinüber ins Wohnzimmer und schaltete dort den Monitor ein. Dann schlüpfte er aus seinen Schuhen, streckte sich bequem auf der Couchgarnitur aus und schaute ihr gebannt zu, beide Arme unter dem Kopf verschränkt. Fasziniert wanderten seine Augen über ihren Körper, der aussah, als hätte jemand Luft hineingepumpt. Seine Blicke liebkosten ihn von Kopf bis Fuß mit eben derselben Zärtlichkeit, mit der seine Hände ihn immer verwöhnt hatten. Regungslos lag sie auf dem Boden des Bunkers, nur ihr Kopf, ihre Augen bewegten sich kaum merklich in Richtung der Kamera. Er wunderte sich, dass ihre Haut nicht platzte über dem prallen Gewebe, in welches das Blut unaufhörlich hineinströmte. Dieses überaus seltene Phänomen hatte er schon bei ihrem Vater beobachten können, eine damals wie heute für einen Mediziner wahrlich sensationelle Studie. Alles sprach definitiv jetzt dafür, dass das Clarkson-Syndrom ein genetisch verankertes Leiden war, eine These, die er ihr gegenüber immer schon vertreten hatte.

Das manchmal unbarmherzige Schicksal hatte ihn fünfunddreißig Jahre alt werden lassen, bevor er just in diesem Moment die atemberaubenden Vorzüge stiller Kontemplation entdecken durfte. Exakt die gleichen Empfindungen, die ihn gerade so wohlig durchfluteten, musste sie fünf Jahre lang bis zur Neige ausgekostet haben, wann immer sie Leo im Bunker zugeschaut hatte. Er war entspannt wie seit sehr langer Zeit nicht mehr, obwohl gerade erst all seine lang gehegten Hoffnungen sich als blanke Illusionen erwiesen hatten und zerplatzt waren wie ein Luftballon in einer Dornenhecke. Endlich hatte er sich, nachdem Leo für immer aus ihrem Leben verschwunden war, am Ziel seiner Wünsche gewähnt und geglaubt, Emilia von nun an ohne den lästigen Dauerkonkurrenten so ganz sein Eigen nennen zu können, und dann klärte ihn sein Kollege Lennart Schiller aus heiterem Himmel darüber auf, was Emilia hinter seinem Rücken trieb. Zum Beweis hatte sogar ihren Porsche mit dem

Nummernschild BAD-EN auf dem Parkplatz in Kehl fotografiert.

Einst hatte er voll von himmelstürmendem Idealismus den hippokratischen Eid geleistet, beseelt und zutiefst überzeugt von seinem innigen Wunsch, im Dienst der medizinischen Wissenschaft menschliches Leben zu bewahren und zu schützen. Die Pandemie hatte ihn Demut gelehrt, ihm unerbittlich aber auch seine ganze Ohnmacht aufgezeigt. Etwas war in ihm zerbrochen in den vergangenen Monaten, er konnte nicht sagen, was genau es war, doch es hatte ihn nachhaltig verändert, mit wahrhaft aller Macht an seinen Grundsätzen gerüttelt, seinen unerschütterlich geglaubten Ethos des Mediziners entschieden infrage gestellt. Und jetzt spürte er, erhitzt von Emilias Verrat, mit einem Mal das gleiche böse Blut, das, solange er ihn kannte, auch in seinem Bruder gekreist war, durch seine Adern fließen, und er hatte nur noch den Wunsch sich zu weiden an Zerstörung und Tod. Er war getroffen, verwundet bis ins innerste Mark hinein. Die Frau, die er immer über alles geliebt hatte, hatte ihn in dem Moment von seinem Schwur entbunden, als sie seinem Herzen den tödlichen Dolchstoß verpasste. Er hätte nicht zu sagen vermocht, was gerade stärker in ihm loderte, die Liebe zu ihr oder der durch die Erkenntnis, dass sie ihm niemals ganz gehören würde, plötzlich erwachte Hass auf sie. Doch eines wusste Fabian mit absoluter Sicherheit: Emilia dort im Bunker zuzusehen, wie sie langsam starb, das allein und nichts anderes war die leuchtende Sternstunde seines Lebens.

Er hatte jedes Gefühl davor verloren, wie lange er dort gesessen hatte, bevor er aufstand und den Monitor ausschaltete. Er fühlte sich leer, ohne die geringste Empfindung, sein versteinertes Herz in einem kalten Körper, der nicht zu ihm zu gehören schien. Die Zukunft war vage und freudlos.

In seine Apathie und die bedrohliche Stimme im Haus hinein läutete, einer Sturmsirene gleich, die Türklingel. Widerstrebend erhob sich Fabian und ging zur Tür.

Um Emilia nicht zu verstimmen oder mit seinem plötzlichen Erscheinen gar zu erschrecken, hatte Leo darauf verzichtet, seinen Hausschlüssel zu benutzen. Er läutete an der Tür zur Villa. Der Ton hallte durch den mit Marmor gefliesten Flur. Leo hörte ihre Schritte näherkommen. Als aber die Tür geöffnet wurde, war es nicht sie, sondern Fabian. Fabian, der sein Halbbruder war. Er sah unendlich müde aus.

- Sie ist tot, sagte er leise und ging voran ins Haus.

Epilog – Fünf Monate später

Was verfickt nochmal war das? Er musste erst nach und nach sortieren, was genau geschehen war. Die Paralyse wich nur ganz allmählich aus seinen Gliedern, er versuchte einen Finger zu bewegen, es ging nicht. Immerhin konnte er blinzeln und die Augen wandern lassen, doch halt! Was war das? Seine rechte Hand steckte in einer stählernen Manschette, die an einer massiven und sehr schweren Kette befestigt war. Ihr Gewicht zog an seinem Arm. Langsam wanderte sein Blick hinüber zur linken Seite. Auch hier umschloss eine Eisenschelle sein Handgelenk, auch diese am Ende verschweißt mit der gleichen großgliedrigen Kette. Beide Hände ruhten kraftlos auf den Armlehnen eines Rollstuhls, von wo die Ketten herab bis fast auf den Fußboden hingen.

Er fühlte sich in einem trägen Dämmer, wie in Drogentrance, als hätte er einen Joint zu viel geraucht von diesem voll törnenden Stoff, den Mandy immer von ihrem Dealer angeschleppt hatte, seine *bitch* von Schwester, damals als sie noch da war. In seinem Kopf kreisten wirre Gedanken. Er wollte sich konzentrieren, um sich einen klaren Überblick seiner Lage zu verschaffen, doch es fiel ihm nicht leicht. Seine Augen folgten den Ketten, deren Enden rechts und links in zwei von Beschlägen eingefassten Löchern in den Seitenwänden verschwanden. Das alles erschien ihm völlig unerklärlich. Dann tasteten seine verwunderten Blicke weiter diesen Raum ab, von dem er sicher war, dass er ihn noch nie zuvor betreten hatte. Er war groß, nicht hoch und ganz ohne Fenster, erhellt von Neonröhren. Eine der Leuchten flackerte unruhig. An der ihm gegenüberliegenden Wand befanden sich Regale, davor ein Stuhl und ein kleiner Beistelltisch. Links davon führte eine Tür in einen Nebenraum, sie war geschlossen. Und oben über den Regalen sah er eine Kamera, die vermutlich den gesamten Raum überwachte. Was hinter ihm lag, vermochte er nicht zu sehen, weil er nicht fähig war, den Kopf zu drehen. Es herrschte eine tiefe Stille hier, fast wie in einer Kirche, aber ungleich bedrohlicher.

Ruben bemerkte, wie ein Gestank ihm in die Nase stieg. Es war sein eigener Schweißgeruch, beißend und bitter. Er konnte die Angst daraus riechen. Und er roch Urin. Sein Blick senkte sich zu seinem Schoß. Tatsächlich: in seiner Jogginghose breitete sich Feuchtigkeit aus, er hatte sich eingepisst.

Wo war er hier? In einem Keller? In einer Gefängniszelle? Auf jeden Fall in hermetischer Abgeschlossenheit. Warum war er in Ketten? Und wie kam er hierher? Er wusste auf alle diese Fragen keine Antwort.

Er versuchte zu rekapitulieren, was zuletzt geschehen war. Allein in der Wohnung war er gewesen, wie immer, denn Mandy und Marlon waren lange fort. Das Amt hatte sie ihm weggenommen, hatte sie einfach einkassiert und aus dem Haus gebracht, er hatte nicht die leiseste Ahnung wohin. Seine Familie war im Arsch. Diese Scheißtussi da oben in der Hütte über ihm, die hatte ihn angezeigt, weil er seine Schwester gefickt hatte und ein Kind mit ihr hatte. Warum hatte sie ihre verfickte Scheißnase in Dinge gesteckt, die sie nichts angingen? Und seitdem hockte er allein in seiner Bude und wusste mit sich nichts mehr anzufangen.

Ja, er besann sich wieder: so war es abgelaufen. Er war allein gewesen, wie immer seit Mandy und Marlon fort waren. Ihm war langweilig, wie immer. Die Flaschen mit Stoff waren alle leer, kein Wodka, kein Gin, nichts, absolut gar nichts mehr im Haus. Dann hatte er sich einen Joint gebastelt, eine echte Riesentüte, und wollte sie gerade in Ruhe rauchen, als plötzlich die Haustürklingel schrillte, laut und eindringlich. Per Knopfdruck hatte Ruben die Tür geöffnet, weil er dachte, dass die *bitch* von seiner Schwester vielleicht zurückkam, dass sie entflohen war aus dem Haus für Junkiebräute und gefallene Mädchen, wohin man sie wahrscheinlich gebracht hatte. Doch dann war da unvermittelt dieser Typ im Hausflur gewesen, der einen leeren Rollstuhl vor sich herschob. Er trug trotz der gerade überschwappenden zweiten Welle der Pandemie keine Atemschutzmaske, die sein Gesicht verbarg, aber eine schwarze Kapuzenjacke wie die Rapper in den Videos, und Ruben hatte ihn erst erkannt, als der Mann hinter seinem Rücken eine Spritze hervorzauberte und ihm den Inhalt gedankenschnell in die Halsschlagader injizierte. Noch im Moment als ihm die Beine wegsackten, hatte der Eindringling ihm den Rollstuhl unter den Arsch geschoben, ein, wie er sich eingestehen musste, überaus cleverer Schachzug, denn Rubens zentnerschwere Fettmassen hätte er niemals allein vom Fußboden hieven können. Und in diesem Augenblick hatte Ruben ihn erkannt, trotz der Kapuze, die er übergezogen hatte: es war der verfickte Stecher der verfickten Scheißtussi, die bis vor kurzem über ihm in der ersten Etage gewohnt und ihn ständig beim Ordnungsamt verpfiffen hatte. Er hätte sie damals nageln sollen, die Fotze, an dem Tag, als er im Flur ihre Pussy gepackt hatte. Er hatte sie nur davon kommen lassen, weil sie ihm plötzlich die Gaspistole in die Fresse hielt. Danach war er vorsichtiger gewesen. Ihre Unerschrockenheit hatte ihm gehörig Respekt eingeflößt, zumal sie danach die Knarre immer in der Hand trug, sobald sie das Treppenhaus betrat. Und irgendwann später, als er seine Chancen endgültig versäumt hatte, hatte sie den Wichser bei sich aufgenommen, an dem es kein Vorbeikommen mehr gab. Der hatte ihn schön zugerichtet, als er die geile Braut nochmal angegrapscht hatte, und Mandy gleich auch.

Ruben hatte schon bei der ersten Aktion gewusst, als dieses Arschgesicht, bleich wie ein Zombie, im Flur aufgetaucht war, das würde verschärften Ärger geben, denn der Typ war Sportler, das sah man, er hatte Muskeln und kein einziges Gramm Fett am Körper, den konnte man nicht rumschubsen wie seine beschissene Alte, das war eine brutale Drecksau. Aber das hier, was sollte das jetzt? Es war wieder *Lockdown*, zumindest teilweise, der zweite schon, und der Wichser hatte gefälligst wegzubleiben. Was tat er jetzt hier? Welchen Sinn hatte das? Die beiden waren längst ausgezogen, Monate schon, und mit ihnen ihre scheißarrogante Brut, die immer so hochnäsig auf Marlon herab geguckt hatte, kleine verwöhnte Pisser, die er sich zu gern mal vorgeknöpft hätte. Jetzt waren auch sie weg, und ihre Alten hatten die Wohnung für teures Geld verhökert an so einen Scheißdönerladenbetreiber, der über Ruben eingezogen war mit vier höllisch lärmigen Blagen und einer ständig keifenden Kopftuchschickse. Die ganze verkackte Sippschaft machte nichts als Krach und nervte Tag und Nacht.

Und jetzt, nach so langer Zeit nach ihrem Auszug, wo Ruben die Wichser schon fast vergessen hatte, zog dieser krasse Typ von der Tussi so eine ihm völlig unbegreifliche Aktion ab, aus welchem Grund bloß? Er hatte ihm eine volle Ladung Betäubungsmittel reingeballert, ihn kurzerhand in einem Rollstuhl entführt und ihm hier in dem Keller diese Ketten angelegt. Das konnte doch nicht real sein, das war völlig undenkbar. Solche Dinge ereigneten sich allenfalls in den Filmen, die er auf RTL 2 immer sah, aber doch nicht im wirklichen, nicht in seinem Leben.

Ruben hatte halb gelähmt noch mitbekommen, wie der Typ den Rollstuhl über eine Rampe in einen weißlackierten Van geschoben und die Türe geschlossen hatte, dann waren sie einige Zeit, vielleicht Stunden gefahren, und als die Fahrt dann zu Ende schien, war ihm eine Wollmütze über die Augen gezogen worden, dass er nichts mehr sehen konnte. Und jetzt saß er hier in diesem Raum und rätselte in seinem nur ganz allmählich wieder erwachenden Bewusstsein, was da gespielt wurde.

Wieder versuchte er einen Finger bewegen, dieses Mal funktionierte es. Er hob eine Hand an und war überrascht, dass er auch das zustande brachte, in Zeitlupe zwar und beschwerlich, aber es ging. Die Droge, mit der man ihn betäubt hatte und die seine Muskulatur komplett lahm gelegt hatte, schien sich aus seinem Körper zu verflüchtigen. Er zog mit beiden Armen an seinen Ketten, die leise klirrten.

Auch wenn er seine Kräfte langsam zurückkehren fühlte, war seine Bewegungsfreiheit durch die Fesselung stark eingeschränkt.

Zögernd stand Ruben auf, als traute er der Standfestigkeit seiner Beine nicht so recht. Seine Schenkel zitterten, er suchte mit beiden Händen Halt an den Armlehnen. Es ging, er schaffte es zu stehen, doch gewonnen hatte er dadurch nichts. Die Ketten erlaubten ihm gerade einmal, sich in einem Radius von zwei Metern zu bewegen. Er riss daran, doch sie waren anscheinend fest in den beiden Seitenwänden verankert. Dann drehte er sich zur Rückseite des Raumes um. Dort standen ein Bett, ein Tisch und ein Stuhl, dahinter an der rückwärtigen Wand befand sich eine offene Nasszelle mit Dusche, Toilette und Waschbecken.

Plötzlich überkam ihn grenzenlose Panik. Er wollte raus hier. Er schrie, schrie so laut er konnte:

- Heeeeeee! Hallo! Hallo! Ist hier jemand? Hört mich jemand? Hilfe!

Stille. Absolute Stille. Kein Geräusch drang von außen in diesen Raum. Er hörte nur seinen keuchenden Atem, das Rasseln der Ketten, das Flackern der defekten Neonröhre und seinen von Angst laut pochenden Herzschlag.

- Hallo! rief er wieder, doch seine Stimme erstarb in einem Schluchzen.

Er wurde wach, als ein leises Summen in seine Ohren drang und seine Ketten sich bewegten. Er musste kurz eingenickt sein, wahrscheinlich immer noch eine Folge der Spritze. Erschrocken schaute er hoch und sah, wie die Ketten sich strafften, langsam in der Wand verschwanden und ihn an den Händen hochrissen, bis er mit weit gespreizten Armen mitten im Raum stand wie ein Gekreuzigter. Seine Beine waren ohne Kraft, er hing mehr in dieser seltsamen Apparatur, als dass sie ihn trug. Es bereitete ihm große Mühe, den Kopf gerade zu halten, das Kinn sank ihm auf die Brust. Seine Schultern schmerzten durch die Spannung, als würden sie ihm ausgekugelt.

Dann öffnete sich geräuschlos die Tür, die vorne links aus dem Raum führte. Die beiden Kinder sah er erst, als sie direkt vor ihm standen, den sicheren Abstand von zwei Metern einhaltend. Es waren ein Junge und ein Mädchen, sie hatten sich an den Händen gefasst und schauten ihn wortlos aus kalten Augen ohne Mitleid an. Vielleicht schien ihm das aber auch nur so, denn sie trugen beide eine Art Schutzschild um den Kopf und darunter Atemschutzmasken, die keinerlei Regungen ihrer Gesichter verrieten. Eine Spur von menschlichen Zügen suchte er vergeblich an ihnen, eher schon erweckten sie den Anschein kleiner Androiden, Fantasiewesen, die ihm aus seinen Science Fiction-Comics vertraut waren.

Ruben stöhnte. Plötzlich blitzte in der zentnerschweren Bürde seiner trägen Apathie ein Erkennen auf. Er wusste trotz der grotesken Maskierung mit einem Mal, wer diese Kinder waren: die ätzende Brut der verfickten Tussi, die auf der ersten Etage über ihm gewohnt hatte. Doch was sie hier taten, vermochte er sich in seinem angeschlagenen Zustand so gar nicht zu erklären.

Die Kinder standen nur da, schauten ihn an und schwiegen.

- Was glotzt ihr so dämlich? Macht mich los! fuhr Ruben sie an.

Schweigen.

- Seid ihr taub? Ich hab gesagt, ihr sollt mich losmachen, forderte er abermals.
- Ih, du hast dich nass gemacht, sagte das kleine Mädchen und zeigte mit der Linken auf den Fleck in seiner Hose.
- Es stinkt, ergänzte der Junge.

Ihre Worte drangen wie ein Nuscheln hinter der Gesichtsbewehrung hervor. Ruben verlegte sich auf sanftere Töne:

- Ich kann mich nicht sauber machen, solange ich hier in den Ketten bin, also macht mich bitte los!
- Das geht nicht, antwortete das Mädchen und schüttelte energisch den Kopf.
- Warum geht das nicht? fragte Ruben.
- Weil du unser Gefangener bist, erwiderte der Junge.

Ruben erschrak. Wieder stieg Panik in ihm auf. Das konnte doch alles nur ein schlimmer Alptraum sein. Er wollte endlich daraus erwachen.

- Euer Gefangener? Aber wieso denn? rief er verzweifelt.

Keines der Kinder antwortete. Immer noch hielten sie sich an den Händen gefasst und drehten sich um, einem bizarren Ballett von Androiden gleich. Im Hinausgehen wandte das kleine Mädchen den Kopf und sagte:

- Als Strafe! Weil du böse bist.

Und dann schloss sich die Tür hinter den beiden und überließ Ruben der Einsamkeit, die ihn für den Rest seines kümmerlichen Lebens als seine einzige Gefährtin begleiten sollte.

Inhalt

Wim Martin im Hummelshain Verlag

Das schlagende Herz

Roman, 234 Seiten

Taschenbuch Originalausgabe,

Hummelshain Verlag 2018

€ 12,80

Gerlind ist Rentnerin und sammelt, geplagt von Altersarmut, Pfandflaschen. Benno (45) ist obdachlos und trauert seiner großen Liebe nach. Sie beobachten sich, stehen dann einander bei und kommen schließlich zusammen in einem furiosen Finale.

Nahe Engel, von fern: Musik

Gedichte Hardcover, 84 Seiten
Hummelshain Verlag 2019,
€ 12.-

In formal strengen, ungereimten Terzinen verwendet Wim Martin erstmals in der Geschichte der Poesie die aus der U-Musik gebräuchliche Technik des Samplings. Zitate aus Popmusik, Dichtung und Film werden virtuos mit der eigenen Lyrik verknüpft und schaffen einen poetischen Dialog mit seinem kulturellen Erbe.

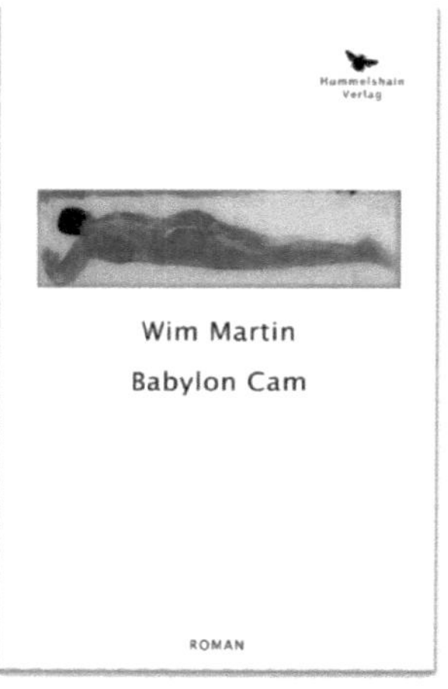

Babylon Cam

Roman

Taschenbuch Originalausgabe, 312 Seiten

Hummelshain Verlag 2020

€ 13,80

David arbeitet als Luxus-Callboy für die Reichen in Düsseldorf. Auf rätselhafte Weise wird er in einen brisanten Kriminalfall von bundespolitischer Tragweite verwickelt. Fast ein Thriller und von atemberaubender Span-